MW01634546

犹太商战幽默

世界第一商人商战幽默智慧

华山 著

地震出版社

图书在版编目（CIP）数据
犹太商战幽默/华山著．—北京：地震出版社，2005.7
ISBN 7－5028－2688－2

Ⅰ．犹…　Ⅱ．华…　Ⅲ．①犹太人－商业经营－研究②犹太人－幽默（美学）－研究　Ⅳ．F715

中国版本图书馆 CIP 数据核字（2005）第 064174 号

地震版　XT200500066

犹太商战幽默

华山　著

责任编辑：李小明
责任校对：庞娅萍

出版发行：地震出版社
北京民族学院南路 9 号　　邮编：100081
发行部：68423031　68467993　　传真：88421706
门市部：68467991　　传真：68467991
总编室：68462709　68423029　　传真：68467972
E－mail：seis@ht.rol.cn.net
经　销：全国各地新华书店
印　刷：北京市优美印刷有限责任公司

版（印）次：2005 年 7 月第 1 版　2005 年 7 月第 1 次印刷
开　本：880×1230　1/16
字　数：200 千字
印　张：14
书　号：ISBN 7－5028－2688－2/F·245（3319）
定　价：28.00 元

序 言

犹太人是全球企业界公认的“世界第一商人”，世人都对他们神奇的经商才华感到不可思议的震惊和羡慕。犹太人在为自己所取得的巨大商业成就深感自豪的同时，又对经商秘诀讳莫如深——这是他们的秘密，他们从来不想传于外人。但愈是如此，愈有人想一探究竟。本书目的，志即于此。

对犹太民族稍有了解的人都知道，犹太民族是一个幽默的民族，他们把自己的经商智慧融于一个个幽默与笑话中。研究犹太人的幽默，其实就是挖掘犹太人的商业理念。不妨先看一则幽默：

美国和苏联两国成功地进行了载人火箭飞行之后，德国、法国和以色列也联合拟订了月球旅行计划。火箭与太空舱都制造就绪，接下来就是挑选太空飞行员了。

工作人员对前来应征的三个人说：“谈谈你们的待遇要求吧。”

德国应征者说：“我的要求是 3000 美元。其中 1000 美元留着自己用，1000 美元给我妻子，还有 1000 美元用做购房基金。”

法国应征者接着说：“给我 4000 美元。1000 美元归我自己，1000 美元给我妻子，1000 美元归还购房的贷款，还有 1000 美元给我的情人。”

最后以色列的应征者则说：“我的要求是 5000 美元。其中有 1000 美元是给你的，1000 美元归我自己，剩下的 3000 美元用来雇德国人开太空船！”

在这则笑话中，犹太人的幽默智慧可以说展现得极为生动。犹太人不须从事实务（开太空船）而只须摆弄数字，就可以自拿 1000 美元，还可以送工作人员 1000 美元的人情，这种精明的思维逻辑正是犹太人经营风格中最显著的特色之一。

平心而论，犹太人并没有盘剥德国人，德国人仍然可以得到他自己所要求的 3000 美元。至于犹太人自己的报价，既然允许他们自报酬劳，他报

得高一些也无可非议，至于如何安排，则纯属他个人的自由，就像法国人公然把妻子与情人在经济上一视同仁一样。而且犹太人的精明并没有越出“合法”的界限。

犹太人自己也承认，他们是一个崇尚智慧与幽默的民族，他们把智慧看成生存之本，将幽默当做一种重要的精神食粮。在希伯来语中，智慧被称为“赫夫玛”，幽默也被称为“赫夫玛”，幽默与智慧同体，不可分割，可见幽默在犹太人心中的分量。

在犹太人眼中，幽默是只有强者才能拥有的特权，幽默既代表了强人的韧性，也代表了强人的胆量。犹太人认为只有那些强人，那些在困难面前不屈不挠的人，才能随时随地地运用自己的幽默。因此犹太人很重视幽默，并将各种商业与生活经验与感悟融于一则则有趣的幽默中传于后人。

当然，犹太人苦难的历史经历也迫使他们采用了这样一种方式来释放自己，并向这个世界表明他们坚强的生活信念与商业决心，否则他们的民族就不可能经受住那么多折磨而幸存下来，并取得世人艳羡的巨大成就。事实上正是苦难造就了犹太人不可动摇的乐观精神。犹太人性格中的“幽默”，是与他们的乐观精神以及向逆境挑战的勇气联系在一起的。

很多犹太传说和民间故事包含着深深的悲剧幽默情调。就像许多犹太民歌一样，它们的旋律中总是回荡着挥之不去的忧伤。但这种忧伤却没堕落为绝望或是自怜自叹。他们总是在净化之中保持着尊严，在坚定的信念中使痛苦也变得高贵，即使是在失败中他们也因为拥有正义而获得道义上的胜利。

笑是水，犹太人是鱼。在竞争激烈的商业战场上，犹太人在各种场合运用着他们独特的幽默与智慧，如鱼得水，取得了世人刮目的成绩。

本书通过200余则精彩的幽默故事，全面而简练地展示了犹太民族的千年智慧。这些幽默故事大都是久经商场的犹太人总结出来的，在犹太商界流传甚广，可以说是犹太人对世界的最直观的看法与思考。本书包括管理幽默、营销幽默、财富幽默、谈判幽默、处世幽默、寓言幽默、生活幽默、商德幽默、交际幽默、成败幽默、教育幽默、职场幽默等方面内容，堪称一书在手，犹太民族商战智慧尽览。精彩点评更是画龙点睛，使读者在轻松的阅读中，自然体味到意味深长的商业理念。

目 录

第一章 管理幽默

在犹太商人的眼中，管理的任务就是管人，管理的目的只有一个，那就是高效。他们认为，管理的方法和基本原则并不是一成不变的，有一些原先被证明是非常重要的管理理念，后来却成为了束缚企业发展的桎梏。任何一个成功的企业，都是根据其自身的实际情况，来制订适合自己的管理模式，用老眼光来看待新问题的结果只会遭遇失败。

第二章　营销幽默

犹太商人都是营销界高手中的高手，他们认为经商要想赚钱，首要的任务就是要学会营销，营销搞不好，一切就都是空中楼阁。营销的问题，其实就是卖东西的问题，即怎样将商品卖出去，怎样将商品更多地卖出去，怎样在竞争激烈的情况下将商品更多、更快地卖出去。

第三章　财富幽默

犹太人把金钱当做上帝，对财富的重视几乎达到了顶礼膜拜的程度，他们总是千方百计地寻找所有可以赚钱的机会。在信奉现金主义的犹太人眼里，衡量一个人是否具有经商智慧，关键看其能否靠不断滚动周转的有限资金把营业额做大。犹太商人凭借自己的对财富的独特理解，获得了世人艳羡的巨额财富。

第四章　谈判幽默

犹太人认为，谈判是没有硝烟的战争，三言两语说得好能赢得人心，口若悬河说不好也会招来杀身之祸。因此，犹太人在谈判时特别小心谨慎，从不信口开河，并在谈判前尽可能地做好大量的准备工作，对谈判中所有可能出现的问题都要预测到，并拿出相应的对策，做到成竹在胸。因而，犹太人在谈判时幽默风趣，能够轻易地控制谈判气氛，并取得谈判的胜利。

第五章　处世幽默

犹太人的处世之道，繁复庞杂，非只言片语所能概括的，但总的说来，犹太人很重视中庸的观念，不喜欢偏激的思路，这也是犹太人强调理性处世的原因之一。在犹太人的眼中，任何事与人都有好坏两面，无论对人或对事，都不应单纯地看待他们的某一方面，而应该综合、全面、辨证地看待。

第六章　寓言幽默

在犹太民间，流传着许多非常经典、智慧的寓言故事，这些寓言可以说是犹太商人经商智慧的总结，它们高度地浓缩了犹太民族的千年智慧。阅读犹太人的传世寓言，借鉴他们的商战经验，我们无疑会走得更远。

第七章　生活幽默

犹太民族是一个热爱生活的民族，犹太商人是天底下最有生活智慧的商人。犹太人认为，生活中无论遭遇到何种困难，都要让自己享受生活的快乐。几乎所有的犹太先知们，都无一例外地鼓励人们从自己所拥有的一切资源中，寻找幸福美好的生活。探询犹太民族的生活智慧，有助于破译他们的经济神话。

第八章　商德幽默

犹太商人被称为世界第一商人，他们拥有富可敌国的巨大财富，但他们并不是靠冷酷的厮杀和欺诈获得的。做事先做人，犹太人在经商中非常重视商业道德，他们用自己的诚信与博爱，赢得了世人广泛的赞誉。

第九章　交际幽默

犹太民族是个善于交际的民族，世人称其交际战术是“谋略家的智慧爆发”。他们认为，一个不懂交际技巧的商人，简直就是被判了死刑的犯人，没有一点生存与发展的希望。掌握一套行之有效的交际战术，是一个商人纵横商场的本钱与基础，否则必一败涂地。

第十章　成败幽默

犹太人在商业上的巨大成功引起世人的关注，而犹太人则对自己所掌握的巨大财富深为自豪而且讳莫如深。犹太商人认为，市场瞬息万变，只有永不墨守成规，才能立于不败之地。他们在商业经营中，总是凭借他们敏锐的市场嗅觉，怪招迭出，常常打破人们惯常思维的束缚，以常人难以想像的方法出手，出奇制胜，获取他人无法企及的成功。

第十一章　教育幽默

犹太民族是一个视教育如敬神的民族，在他们的眼中，教师与学校是仅次于上帝的字眼，这也是犹太民族历经浩劫却永存的秘诀之一。他们认为，一个人是天才还是庸才，并不取决于天赋，而是取决于教育，只要教育得法，普通人同样可以顺利成长为一个杰出的优秀人才。正是犹太人这种超凡的教育智慧，才使得犹太民族涌现出了一批又一批世界大师级的杰出人物。

第十二章　职场幽默

犹太人认为，职场绝不给弱者留一席之地。职场其实就是战场，是一种同行与同事间进行殊死竞争的战场。在这个战场中，他们一样要分高下、论输赢，优胜劣汰，适者生存。他们之间的竞争是一种全方位综合素质的竞争，那些不思进取、不擅交际、道德低下、观念陈旧的人，都是最先出局的人。

第一章　管理幽默

在犹太商人的眼中，管理的任务就是管人，管理的目的只有一个，那就是高效。他们认为，管理的方法和基本原则并不是一成不变的，有一些原先被证明是非常重要的管理理念，后来却成为了束缚企业发展的桎梏。任何一个成功的企业，都是根据其自身的实际情况，来制订适合自己的管理模式，用老眼光来看待新问题的结果只会遭遇失败。

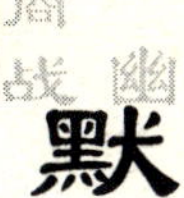

看家的狗

一位牵着一条小狗的男子，怒气冲冲地闯进一家犹太商人开的宠物店，对老板说："我买你的这条狗看门，但昨天晚上，有个小偷溜进我家，偷走我200美元，可这条狗眼睁睁地看着发生的一切愣是一声没吭。"

这个犹太老板是这样解释的："这条狗以前的主人是千万富翁，因此对于你那区区的200美元，根本就没放在眼里。"

旁敲侧击

管理只有恒久的规律存在，没有固定的答案可寻，所以绝不能生搬硬套。比如，很多管理方法和经验，运用在甲企业中是十分正确的，但移植到乙企业里，就会出现"水土不服"的现象，严重阻碍企业的发展。

机场遭遇

在机场的候机厅里，为了打发候机这段时间，闲来无聊的马克站到一台体重机上，机器屏幕上马上出现一行"你是马克，身高181厘米，体重78公斤，飞往华盛顿"的字样。

马克感到好生奇怪，他下了体重机，过了一会儿戴着一顶帽子又站到这台机器上，屏幕上马上又显出"你是马克，身高181厘米，体重78公斤，飞往华盛顿"。

马克更加感到神奇了，他跑进盥洗室摘掉帽子，换了一身装束又来到

这台机器前，屏幕上仍然显出“你是马克，身高181厘米，体重78公斤，你所乘坐的飞往华盛顿的航班已在三分钟前起飞了。”

旁敲侧击

别太执著于自己的构想，也许你的想法确实高明，但如果不步步为营、谨慎递进而仅仅一味地迷恋于其中，不懂得对突变的环境加以评估，不愿意修正改善你的构想，则随时都可能弄巧成拙。对于一个企业来说，固执的领导是灾难的根源。

监狱里的生意人

有三个人因故要在监狱服刑三年，监狱长答应他们每人可以提一个要求。

美国人爱抽雪茄，就要了三箱雪茄。

法国人最浪漫，他要了一个美丽的女子在狱中相伴。

而犹太人说，他要的是一部可以与外界随时沟通的电话。

三年很快就过去了。

美国人率先从监狱里冲出来，嘴里鼻孔里都塞满了雪茄，大喊道：“给我火，给我火！”原来他忘记要火了。

接着出来的是法国人，只见他手里抱着一个小孩子，美丽女子手里牵着一个孩子，肚子里还怀着第三个宝宝。

最后出来的是犹太人，他紧紧地握住监狱长的手说：“这三年来我每天与外界联系，我的生意不但没有停顿，反而增长了300%，现在我已经是10亿身价了。为了表示感谢，我送你一辆劳施莱斯！”

旁敲侧击

选择决定命运。企业今天所取得的成就，其实都是企业以前的选择决定的，而企业今天的抉择将决定企业以后的发展。在这个信息时代里，企业管理者要选择接触最新的信息，了解最新的趋势，从而更好地创造企业的未来。

鹦鹉老板

一个人到花鸟市场去买鹦鹉，看到一只鹦鹉前标有：这只鹦鹉会两种语言，售价 300 元。

另一只鹦鹉前则标着：这只鹦鹉会四种语言，售价 600 元。

到底该买哪一只呢？这两只鹦鹉都是毛色光鲜，模样可爱。他想啊想啊，一时拿不定主意。

这时，他忽然发现，不远处还有一只鹦鹉，忙走过去。他看到这是一只老掉了牙的鹦鹉，毛色暗淡散乱，精神不振，但奇怪的是，这只鹦鹉的价格标签上竟写着 1200 元。

于是，他赶紧将老板叫来问："这只鹦鹉难道会说八种语言？"

店主说不是。

这人就有些不解了："它又老又丑又没有能力，为什么会值那么多呢？"

店主回答道："因为它能指挥另外两只鹦鹉高效干活，是'老板'。"

旁敲侧击

鹦鹉老板在语言方面并不如另外两只鹦鹉，但它却可以指挥它们高效工作，这就够了。管理者并不需要样样都行，但一定要具备指挥他人的能力。

惟一的乞丐

在一个晴朗的日子里，一群人在一堵墙根下，一边晒着太阳，一边在为自己祝福。有的想成为富翁，有的想娶富翁的女儿，有的祝愿妻子能生个小孩。在这群人中间有一个犹太乞丐，他也喃喃地对天祈祷着什么。

“喂!”有人问他，“您为自己祈祷什么呀?”

“我祝愿自己是这座城市里惟一的乞丐。”

旁敲侧击

在市场经济环境下，只要能够想到他人没有想到的主意，找到他人没有发现的市场空隙，创造出“独有”、“惟一”的概念，都能大获成功。犹太民族之所以能够成为世界上最富有的民族，就在于他们能突破常规的思维定势，走与众不同的路。

保罗的鸡

一个叫保罗的农人养了一群鸡。

有一天，他急急忙忙地跑去对另一个养鸡人说：

“我的鸡得了鸡瘟，已经死了一半了，该怎么办啊?”

“你给它们吃什么呀?”

“大米。”

“你应该给它们吃小麦!”

第二天早上，保罗又气喘吁吁地跑来了：

“不好了！又有五十只鸡病死了！”

“你给它们喝什么了？”

“冷水。”

“唉，你应该给它们喝热水！”

两天之后，保罗又去向那个养鸡人讨要主意：

“现在我就剩下十只鸡了！”

“你给它们喝的水从哪儿弄来的？”

“从井里呀！”

“你应该给它们喝泉水！”

不久，保罗又带来了最新消息：

“唉，我的最后一只鸡也死了”

“哎呀呀，”养鸡人叹息道，“这太可惜了。我还有许多很好的建议还没来得及向你提呢！”

旁敲侧击

企业在进行重大变革时，最好不要立即抛弃现有的，特别是以前赖以生存的核心东西。改头换面不能把心都换了，更不能使自己成为他人的实验室。

真实身份

一个小动物园里来了一只小狮子。在它身旁的笼子里关着一只病怏怏的老狮子，成天蓬头垢面地躺着睡觉。

“它哪像头狮子啊，简直就是一只病猫！”小狮子自言自语道。

于是它向游人不停地咆哮着，奋力想冲破笼子的铁栏杆，把狮子的本性展露得一览无余。

好不容易熬到吃饭的时间，饲养员带来一大块肉，却扔进老狮子的笼子里头，扔给小狮子的只有一点坚果和几根香蕉。

“那些讨厌鬼为什么这样对我？我可从来没有受到过这样不公平的待遇！”小狮子十分惊讶而又生气地对老狮子说，“我才像个真正的狮子，而你除了躺着却什么也不干！”

“哦，你刚来，还不了解这里的情况。是这么回事，”老狮子慢悠悠地告诉它，“这是一个小动物园，他们养不起两只狮子，所以在他们的名册上，你还是一只猴子。”

旁敲侧击

企业间的竞争越来越转变为一种人才间的竞争，但光有人才是不行的，还要给他搭好台，否则他就无法唱戏。在犹太人看来，留住人才的关键是，先给他一个美妙的愿景，再给他一个展现的舞台。

膨胀

犹太人卡尔·迪罗先生经营着一家五金公司，由于业务拓展的需要，公司招聘一批新员工。在新员工培训的大会上，他给这些新员工讲了这样一个故事：

有一家公司淘汰了一批落后的设备。

董事长说：“这些设备不能扔，找个地方放起来。”于是专门为这批设备修建了一间仓库。

董事长说：“防火防盗不是小事，找个看门人。”

于是找了个看门人看管仓库。

董事长说：“看门人没有约束，玩忽职守怎么办？”

于是又派了两个人过去，成立了计划部，一个负责下达任务，一个负责制订计划。

董事长说："我们必须随时了解工作的绩效。"

于是又派了两个人过去，成立了监督部，一个负责绩效考核，一个负责写总结报告。

董事长说："不能搞平均主义，收入应拉开差距。"

于是又派了两个人过去，成立了财务部，一个负责计算工时，一个负责发放工资。

董事长说："管理没有层次，出了岔子谁负责？"

于是又派了四个人过去，成立了管理部，一个负责计划部工作，一个负责监督部工作，一个负责财务部工作，一个总经理——管理部总经理对董事长负责。

董事长说："去年仓库的管理成本为35万，这个数字太大了，你们一周内必须想出解决办法。"

于是，一周之后，看门人被解雇了……

旁敲侧击

企业的组织机构越来越膨胀、制度越来越繁琐、文件越来越多、效率越来越差……很多管理者不仅没有意识到这些问题，反而还陶醉在复杂的事务中沾沾自喜，以为自己正在为"即将到来的成功"而"努力奋斗"；有些人虽然意识到了问题的严重性，可是却不知该从何处下手。因此，保持事物的简单化是对付复杂和烦琐的最有效方式，这几乎是所有犹太商人都认可并遵行的准则。

逆向思维

加里·沙克是一个具有犹太血统的老人，退休后，在学校附近买了一间简陋的房子。住下的前几个星期还很安静，不久有三个年轻人开始在附近踢垃圾桶闹着玩。

老人受不了这些噪音，出去跟年轻人谈判。

“你们玩得真开心。”他说，“我喜欢看你们玩得这样高兴。如果你们每天都来踢垃圾桶，我将每天给你们每人一块钱。”

三个年轻人很高兴，更加卖力地表演“足下功夫”。不料三天后，老人忧愁地说：“通货膨胀减少了我的收入，从明天起，只能给你们每人五毛钱了。”

年轻人显得不大开心，但还是接受了老人的条件。他们每天继续去踢垃圾桶。一周后，老人又对他们说：“最近没有收到养老金支票，对不起，每天只能给两毛了。”

“两毛钱?”一个年轻人脸色发青，“我们才不会为了区区两毛钱浪费宝贵的时间在这里表演呢，不干了!”

从此以后，老人又过上了安静的日子。

旁敲侧击

管理血气方刚的年轻人，强制性的命令只会让他们变本加厉适得其反，利用逆向思维，把面子给足他们，才能将其控制在股掌之中，事情的结果才能向自己的意愿发展。

土拨鼠哪儿去了

一个犹太大亨曾给几个期望在商业上有所成就的青年讲过这样一个故事：

有三只猎狗追一只土拨鼠，土拨鼠钻进了一个树洞。这个树洞只有一个出口，可不一会儿，居然从树洞里钻出了一只兔子。兔子飞快地向前跑，并爬上另一棵大树。兔子在树上，慌忙中没站稳，掉了下来，砸晕了正仰头看的三只猎狗，最后，兔子终于逃脱了。

故事讲完后，犹太大亨问："这个故事有什么问题吗？"

"兔子不会爬树！"年轻人抗议道。

"一只小兔子怎么可能同时砸晕三只猎狗呢？"另一个年轻人提出这样的疑问。

直到再也没人能挑出毛病了，犹太大亨才说："还有一个问题，你们没有提到，土拨鼠哪儿去了？"

旁敲侧击

目标是本，任何一项工作都必须以目标为中心。只有把注意力凝聚在目标上，你才能在事业上取得成就。可很多人在企业向前发展时，常常把所有的注意力放在半道杀出的"兔子"身上，把原始目标抛到九霄云外了。

本能

犹太人的后裔布朗夫妇同他们的孩子们住在伦敦附近的一所小房子里。有时布朗先生下班回家很晚，当他的妻子和孩子们睡着时，他就用自己的钥匙打开房子的前门，悄悄地走进屋子。

有一天夜晚，当他很晚回家时，却把钥匙丢了，于是他只好走近房子按门铃，可是屋内没有动静。

他再次按铃，房内仍然没有动静。无奈之下，布朗先生只好敲打卧室的窗户，向他妻子大声叫喊，她仍然没醒。

最后，他停下来，想了片刻，然后捏着鼻子学着小孩的声音，叫道："妈妈！我要尿尿！"尽管他说得很轻，布朗太太还是马上醒了。

旁敲侧击

管理的关键是管人，是一门让别人为你做事的学问。在企业的管理中，对于不同的情况和不同的人，要让他们帮你把事情做好，只需找到能够触动他们神经的那根弦就够了。

执行

很久以前，有一个农夫娶了一个傻媳妇。在复活节即将来临时，他很想好好操办一个家宴，可他不知道该怎样操办才好。

他想起邻居家每年的复活节家宴都办得不错，于是就让自己的傻老婆穿戴整齐后，到对门的邻居马克家去问个究竟。

"你要好好观察他在干什么，"他说，"回来告诉我，我们也跟他们一模一样去做。"

他老婆穿戴整齐完毕，出了家门。没过多长时间，她回来了。一进门，一声也没吭，从脚下脱下鞋子就开始抽打自己的丈夫。

"你在干什么?"丈夫对她喊道，"你疯了吗?"

"是你说的，马克家在做什么，我就做什么，"他老婆说，"马克太太正用鞋子抽打马克先生，就是刚才我用的这种抽法。"

旁敲侧击

领导传达指示千万不要模糊，要让自己的下属完全理解自己的意思，才能得到更好的执行。在这里，傻媳妇其实并没有错，因为她在自己理解的范围内很负责任地执行了自己丈夫的意思。

黄金的价格

售货员费尔南多是一个犹太人，一次，礼拜五他去了一个小镇，但由于身无分文而无法食宿，他便找到了犹太教堂的执事，执事对他说："礼拜五到这里的穷人特别多，每家都住满了，惟有金银店老板西梅尔家例外，但遗憾的是，他从不接纳客人。"

费尔南多问明原因后，肯定地说："他会接纳我的。"

之后，他就去了西梅尔家。敲开门后，他神秘兮兮地把西梅尔拉到一旁，从大衣兜里取出了一个砖头大小沉甸甸的小包，小声说：

"打搅您一下，请问砖头大小的黄金值多少钱?"

金银店老板听后，眼睛一亮。可是，这时已到了安息日，不能继续谈生意了。为了能做成这笔生意，他便热情挽留费尔南多在自家住宿，到明天日落后再谈。

整个安息日，费尔南多都受到了热情的款待。

当周六晚上可以做生意时，西梅尔满面笑容地催促费尔南多把“货”拿出来看看。费尔南多故作惊讶地说：

“我哪有什么金子呀，我只不过是想打听一下砖头大小的黄金值多少钱而已。”

旁敲侧击

在商业操作过程中，会不可避免地遇到许多不好解决的棘手难题，灵活地使用“诈术”——当然要在不违反法律的前提下，既不给对方什么承诺，又不给对方留下欺骗的“罪证”，且能得到对方的信任，就可以轻而易举地达到自己的目的。

连锁反应

欧根尼给医生打电话：“大夫，请马上赶来！一只活老鼠刚刚被马奥利吞下去！”

“好，我这就过去。”医生对他说，“告诉马奥利，先把嘴张开，前面放一块蛋糕……。”

大约五分钟后，医生赶到了。他发现欧根尼在马奥利跟前举着一块牛排。

“怎么?”医生说，“我刚才不是对你说要拿蛋糕……你没有蛋糕?”

“我拿了。但是，现在的问题是得让猫先出来。”

旁敲侧击

世上的万事万物无不处于无限的联系之中。这一点，对于精明的犹太商人来说，是早就知道了的，因此他们在经营企业时总能做到防微杜渐。他们深知，连锁反应足以毁掉自己辛辛苦苦建立的一切。

如何补充国库

有一次，安东尼皇帝派使者到朱丹·哈·尼撒拉比那儿，问了这样一个问题：“帝国的国库快要空了，你能给我一个补充国库的建议吗？”

朱丹拉比听后，对使者一句话没有说，直接把他带到了他的菜园，然后默默地干起活来。他把大的甘蓝拔掉，种上小甘蓝。对甜菜和萝卜也是如此。

使者看到朱丹拉比无意回答他的问题，心中大为不悦，没好气地对他说：“你总得给我一句话吧，我回去也有个交待。”

“我已经给你了。”朱丹拉比不紧不慢地说道。

使者满脸的愕然，无奈之下，只好返回到安东尼那儿。

“朱丹拉比给我回信了吗？”

“没有。”

“他给你说什么了吗？”

“也没有。”

“那他做了什么？”

“他只是把我领到他的菜园里，然后他把那些大蔬菜拔掉，种上小的。”

“噢！他已经给我建议了！”皇帝兴奋地说。

第二天，安东尼立刻遣散了他所有的官员和税收大臣，换成少量的有能力、诚实的人。不久，国库就得到了补充。

旁敲侧击

要想提高企业效率，就要下狠心“减肥”，裁去不必要的机构和人员，将那些没有能力却依旧待在重要岗位的人撤下，代之以有干劲、有活力的新锐。

职业习惯

在部队当步兵的约翰，历经多次战火的洗礼，被部队嘉奖多次，勋章挂满了衣襟。

退伍后，约翰刚回到城里，他的朋友就给他介绍了一个女友。在他出门之前，他朋友提醒他："你可能在战争中经历过很多事情，但有些事你要听我的。当你女朋友讲话时，你要含情脉脉地看着她；当她需要什么东西时，一定不要让她动手，要抢先一步为她做好；下车后，要替她开门；她入座时，你应帮她移开椅子。"约翰说记住了。

第二天，当朋友打电话问约翰昨晚进展怎么样时，他沮丧地说："我没有希望了!"

朋友听约翰这么一说，心里纳闷极了，问道：

"你忘替她开车门吗?"

"不，我替她开了车门，她很高兴!"

"你忘了帮她入座了吗?"

"不，我帮她入座，她说我是绅士!"

"她说话的时候，你是不是没温柔地看着她?"

"不，我一直看着她，她说我很温柔，并且说我的眼睛很有魅力!"

"那你肯定是在某事上，让她自己动手了?"

"如果真是这样就好了。在我送她回家时，她要喝水，于是我就跑去替她买几听饮料回来。"

"那很好呀!"朋友兴奋地说。

"可是出于多年的习惯，我一拉开饮料罐，就向她扔了过去，并迅速卧倒在地上……"约翰说。

旁敲侧击

习惯的力量是巨大的，很多职业习惯对提高工作效率大有帮助，但同时它也隐含着危机。怎样处理好这把“双刃剑”，是每一个管理者都应该认真思考的问题。

撑竿跳

在以色列商界，流传着这样一则寓言故事：

在一个葡萄园内，一串串饱满的大葡萄，让人垂涎欲滴。一只狐狸来到葡萄架下，馋得直流口水，于是它使劲儿地往上跳，想咬葡萄一饱口福。

但葡萄架太高了，狐狸第一次试跳没有成功。狐狸想，这串葡萄不好，瞧它长得那个样子，外面看着挺好，里面肯定是去年的陈瓤。

想到这里，狐狸瞄准另外一串葡萄跳了上去，可惜这一次又没扑着。狐狸想，这串葡萄也不好，肯定使用过化肥，绝对不是绿色食品，要不然就是注水葡萄。幸亏没吃着，否则吃了我要拉肚子就太不值了。

第二次试跳依然以失败而告终，不知从哪传来了稀稀拉拉的掌声——原来是树上落着几只前来看热闹的乌鸦。狐狸向它们拱拱手，表示谢意。

两次试跳后，狐狸有点儿累了，蹲下来呼哧呼哧地喘气。它心想，这时候要是有个教练递给我一瓶矿泉水，再给我讲讲动作要领，布置一下战术，那该有多好啊！一生能有几回搏？让我最后再跳一次，我就不信跳不过这个破葡萄架。狐狸转动着狡猾的眼睛，四下寻找，终于找到了一根长竹竿；狐狸抓住竹竿，后退了几步，并向周围示意，请乌鸦们给予掌声鼓励。

有支持就有力量，得到鼓励后的狐狸，信心倍增，只见它提竿快步向葡萄藤奔去，竹竿头准确地插入了地面，竹竿将狐狸高高撑起，然后是漂亮的抛竿动作，自由下坠，狐狸成功地跃过了高高的葡萄架，安全地落到了松软的草地上。

“啊！姿势真优美，动作真漂亮！”乌鸦们大声夸奖狐狸。一只年轻的母乌鸦从树上飞了下来，向狐狸献上了一束野花。狐狸手捧着野花，心情非常激动，多少年的期盼，多少代狐狸的努力，终于迎来了这胜利的时刻。

但短暂的喜悦过后，狐狸冷静下来了，它想：我是来吃葡萄的，葡萄没吃着，跳得再高又怎样！

旁敲侧击

在奔向目标的过程中，不要贪恋路边的风景与掌声。具体到工作上，要时刻记住：你的工作目标是什么？你要达到什么样的结果？当然，在此过程中，有激励与认可是值得高兴的，但别忘记你的目标，并时刻校正自己的努力方向。

想做大生意的农夫

有个农夫，由于庄稼种得好，生活过得很惬意。村子里的人都夸他聪明，并有人断言只要他做生意，肯定能发大财。

农夫的心就痒痒了，和妻子商量要做生意。他的妻子是个明白人，知道他不是做生意的料，就劝他打消这个念头。

但农夫主意已定，妻子怎么说都不行。见劝说无用，妻子就说，做生意总得有本钱吧，你明天就把家中的一只山羊和一头毛驴牵进城去卖了吧。妻子说完就回娘家了，找来三个人，对他们如此这般地叮嘱了一番。

第二天，农夫兴冲冲地上路了。他妻子找来帮忙的人偷偷地跟在他的身后。

农夫贪睡，第一个人乘农夫骑在驴背上打盹之际，把山羊脖子上的铃

铛解下来系在驴尾巴上，把山羊牵走了。

不久，农夫偶一回头，发现山羊不见了，忙着寻找。这时第二个人走过来，热心地问他找什么。

农夫说山羊被人偷走了，问他看见没有。第二个人随便一指，说看见一个人牵着一只山羊从林子中刚走过去，准是那个人，快去追吧。

农夫急着去追山羊，把驴子交给这位“好心人”看管。等他两手空空地回来时，驴子与“好心人”自然都没了踪影。

农夫伤心极了，一边走一边哭。当他来到一个水池边时，却发现一个人坐在水池边，哭得比他还伤心。

农夫挺奇怪：还有比我更倒霉的人吗？就问那个人哭什么。

那人告诉农夫，他带着一袋金币去城里买东西，走到水边歇歇脚，洗把脸，却不小心把袋子掉进水里了。农夫说，那你赶快下去捞呀。那人说自己不会游泳，如果农夫给他捞上来，愿意送给他20个金币。

农夫一听喜出望外，心想：这下子可好了，羊和驴子虽然丢了，可能到手20个金币，损失全补回来还有富裕啊。他连忙脱光衣服跳下水捞起来。当他空着手从水里爬上岸，他的衣服、干粮也不见了，仅剩下的一点钱还在衣服口袋里装着呢。

当农夫回到家，惊奇地发现山羊和毛驴竟然还在家中，他的妻子说：“没出事时麻痹大意，出现意外后惊慌失措，造成损失后急于弥补。你连这些基本的风险都预料不到，又怎么能在商海里征战呢，还是老老实实地在家中种地吧！”

旁敲侧击

犹太商人尽管精于商道，但对于自己不熟悉的领域，如果没有足够的本领与能力，还是不会轻易涉足的。他们认为，那样做的结果，除去失败，没有第二个结局。

为何要鼓掌

一位突然心血来潮的总统，决定要到一个犹太人聚集的小镇里去视察那里的精神病院。

精神病院院长接到通知后，便安排手下加紧准备。为了讨好总统，还严格训练全院病人在总统来访时，夹道欢迎，热烈鼓掌。

总统如期而至，病人们热烈的掌声令他非常满意。

突然，总统问院长："怎么刚才你没有鼓掌呢？"

院长回答道："我又不是神经病，为何要拍手……"

旁敲侧击

任何一个领导都想有权威，也都确实需要权威，但领导权威的树立，是属下的一种自发的心理承认过程，而不是职权威迫下的不得已的承认行为。

人尽其才

一个被征入伍的男青年，当眼科医生给他做视力检查时，他向医生表白自己近视已经好多年了。

做完检查后，医生说："你说得不错，是个近视眼。"

听医生这么一说，青年非常高兴，他得意地说："尊敬的医生，那么我可以免服兵役了吧？"

医生摇摇头说："不……我认为你参加肉搏战还是没有问题的，所以就给你报上去了。"

旁敲侧击

在犹太人看来，没有不可用的人才，只有不会用人的领导。人力资源的充分发掘和充分利用，是人力资源课题的重要部分，人力资源的浪费是企业最大的浪费。

推车厢的犹太人

犹太民族是个重契约的民族，素以守约守法著称，但在实际经营活动中，他们也不可避免地同样会遇到种种法律规则与经营目标发生冲突形成两难的情境，和一些喜好偏执于一端的他族商人不同的是，犹太商人的基本策略是化两难为两全。

下面这则故事，虽然其中并没有出现商人的字眼，但人们都把它看做是犹太商人对这一难题的幽默解说：

由于住房问题很紧张，几个德裔犹太人（犹太人中法律观念最强的，就是德裔犹太人）只好将一个报废的火车车厢当做临时住所。

一天晚上，这几个德裔犹太人穿着睡衣，在寒风中颤抖不已地来回推着车厢。一个德国人不解地问："你们这是在干什么啊？"

"因为有人要上厕所，"推车人耐心地说明，"车厢里写着：停车时禁止使用厕所。所以，我们才不停地推动车厢。"

但凡乘过火车的人，都应该看到过这条规定。其意图何在，大家也都清楚。现在既然车厢已经成为固定居所，此规定作为列车运行中的规定理当自然失效，虽然在保障"房子"周围的环境卫生中还有必要遵守，可是这几个德裔犹太人却不知变通，死守规定，弄得两头不讨好：人冻得要命，环境卫生仍没搞好。

旁敲侧击

在通常情况下，犹太人有变通法律，从形式上遵守，同时又没真正改变自己原有活动方式的智慧和能力。把这个抽象概括同一则笑话扯在一起，并非牵强附会。只要我们把笑话中的两难移进生意场上去，就会发现其中的妙处。

发财秘诀

一位大老板正在大吹特吹自己发迹的决窍。

“工资是工作中最无足轻重的部分，我始终坚持这一理论。”他说，“认真地做好工作，倾其所能地把你的才能发挥出来，所带来的快乐远比金钱多。”

“你在向自己证实了这一理论之后就发财了吗？”有人问。

“不，在向为我工作的人们证实这一理论之后我就发财了。”

旁敲侧击

犹太人认为，管理者和员工由于所处的位置不同，思考问题的角度和思维方式当然也就不一样了。站在两者之间，精明的犹太人在利益取舍上，总会选择离自己比较靠近的那一点。

协作才能双赢

身体四肢的各个位置，是与生俱来的，不是任何方法可以强加的。

一天，在五官大会上，耳目口鼻发布宣言："我们位置最高，何等尊贵。那脚，位置最低。我们要约法三章，不能与他相处太密切，称兄道弟的。"

大家都表示没有意见。

脚听了，没有理会他们对自己的蔑视。

几天后，有人要请吃饭，口非常想去，想一饱口福，但脚不肯走。口没有办法，只好暂时拖一下。

又过了几天，耳想听听鸟叫，眼想看看风景，而脚也不肯走，耳目也无可奈何。

大家便商量改变原来的决议。但鼻不肯，说："脚虽然能制服你们，可我并不对他有什么要求，它能拿我怎么办呢？"

脚听了，便一直走到肮脏的厕所前，长久站着不动。恶臭的气味，直扑鼻孔，令人恶心。

肠和胃大声埋怨道："他们在那里闹意见，为什么叫我们遭罪，我们招谁惹谁了！"

旁敲侧击

在犹太人的商业理念中，团队的协作精神如同企业利润一样重要。在他们看来，团队里面的每一个成员都有他们的可用之处，都应该互相尊重，互相合作，而不能相互排斥。

这事该谁管

有一个在医院里实习的牙科医生，由于是第一次给病人拔牙，所以非常紧张。当他用摄子刚把一颗龋齿拔下来时，不料手一哆嗦，没有夹住，牙齿便掉进了病人的喉咙里。

“先生，非常抱歉。”这个牙科医生说，“你的病已不在我的职责范围内，你去找一下喉科医生。”

当这个病人捂着嘴巴，来到耳鼻喉科室时，他的牙齿已被其咽下肚了。

喉科医生给他做了检查。“非常抱歉”，医生说，“你的病已不在我的职责范围内，你应该去找胃病专家。”

胃病专家用X光为病人检查后，说：“非常抱歉，牙齿已到你的肠子里了，你应该去找肠病专家。”

肠病专家同样做了X光检查后，说：“非常抱歉，牙齿已不在肠子里，它肯定到了更深的地方了，你应该去找肛门科专家。”

最后，病人趴在肛门科医生的检查台上，摆出一个屁股朝天的姿势。医生用内窥镜检查了一番，然后吃惊地叫道：“啊，天啊！你这里长了颗牙齿，赶紧去找牙科医生！”

旁敲侧击

细化企业部门并没有错，但若只知道设立很多的部门，而没有有效的协调机制，就会出现相互推卸责任的现象。这是一个企业，特别是大企业最容易出现的致命弱点。

第二章　营销幽默

犹太商人都是营销界高手中的高手，他们认为经商要想赚钱，首要的任务就是要学会营销，营销搞不好，一切就都是空中楼阁。营销的问题，其实就是卖东西的问题，即怎样将商品卖出去，怎样将商品更多地卖出去，怎样在竞争激烈的情况下将商品更多、更快地卖出去。

不改口的原因

一位商人去拜访教皇，声言只要教皇改口一句话，就给10万美元，教皇摇摇头，没答应。

“100万可以吗？”商人态度恳切，教皇依然摇头。

“1000万可以吗？”商人充满期待，教皇挥手制止。

随侍一旁的主教不解地问：“1000万美元可以干许多大事呀！他究竟要的是哪一句话，您态度那么坚决？”

教皇冷笑了：“他要教徒们以后祷告完毕之后，不要讲‘阿门，而讲‘可口可乐’。”

这则笑话一经出现，立即不胫而走，媒体大肆播扬，民间口耳相授，可口可乐的“上口率”更高了。

旁敲侧击

这则夸张的笑话告诉人们：最好的营销创意有时候就蕴藏在一个小小的变化中，只要学会变通地思考问题，就能出人意料地取得营销的成功。

拔火罐的大学者

有一个大学者，不仅知识渊博，而且还谈得一手好琴。

一天，他得了一场大病，痊愈后，医生劝他搬到一个空气清新、气候温暖的地方生活。

这对夫妻接受了医生的建议，决定到一个偏僻的山区小镇上去生活。那里大多是没有文化的山民。

落脚后，就有人来问："你是干什么的呀?"

"拔火罐的。"学者答。

客人走后，妻子不解地问他："我真是搞不懂，以你这样的学问，竟然说自己是个拔火罐的，这能给你带来什么好处呢?"

学者说："你不是不知道，这个小镇上的山民，大多文化不高，不知道知识的价值，我要是说我是个学者，不仅不会得到他们的尊重，还会招来他们的排斥。而作为一个拔火罐的人，对他们来说非常重要！我赶打赌，我将受到他们非常的尊重和礼遇。"

学者话音刚落，就见刚才那个山民又来了，身后跟着来拜访他的一群山民。

旁敲侧击

在犹太商人看来，任何一项成功的商业推广，都要根据实际情况"量身定做"。在此地已经经受考验的商品种类、宣传口号、价格定位，原版不动地移植到彼地，由于消费习惯、价值取向、生活水平等因素的影响，不一定就能够成功。

精美的广告

犹太富翁穆拉·纳斯鲁汀有一幢漂亮的房子，但他厌倦了，就像所有的人一样。房子是否漂亮是无关紧要的，一个人每天都住在同一幢房子里，他就会厌倦。

于是他叫来了一个房地产代理人，告诉他："我想把房子卖了，我已经厌烦了，房子已经变成了地狱。"

第二天，在早报上，房地产代理人为他刊登了一则精美的广告。

穆拉·纳斯鲁汀一遍又一遍地读，然后他给代理人打电话："等等，我不想卖了。广告里所说的那套房子正是我一生中一直梦寐以求的，我一直寻找的就是这样的房子。"

旁敲侧击

就商业推广而言，任何一种商品本身都有其独特之处，将这些独特之处找出来，然后利用广告的力量渲染其内在的魅力，则商品畅销可期。就生活智慧而言，当你对周围司空见惯的环境产生反感的情绪时，不妨换个角度去观察它，也许你会发现原来熟悉的地方，也有风景。换个身份观察，换个角度思考，常常有意料不到的收获。

拉生意

2月14号是西方的情人节，这天，艾瑞一大早就在邮局的柜台前忙活着。他往粉红色的带有心形的明信片上写"我爱你"等字样，又拿出香水往明信片上喷。

巴比看见了，好生奇怪，就上前问："您在干什么呢？"

艾瑞说："嘿，嘿，我今天要寄出1000封署名'猜猜我是谁'的情人节卡片。"

"为什么呀？"巴比不解地问。

艾瑞压低了嗓门回答："我是专管离婚案件的律师。"

旁敲侧击

在犹太商界，有不少人认为，经商是只受法律限制而不受道德约束的，只要不违法乱纪，就可以采用一切别出心裁的手法获取财富。

换一个思路想问题

有个年轻的画家，画出的画总是很难卖出去。一次偶然的机会，他经人介绍认识了一位犹太商人。

犹太商人看画家整日愁眉苦脸的，就问他遇到了什么难事。苦闷的画家就向犹太商人倾倒了满腔的苦水：

“我画一幅画往往只用一天不到的时间，可为什么卖掉它却要等上整整一年？”

犹太商人沉思了一下，对他说：

“请倒过来试试。”

年轻人不解地问：

“倒过来？”

犹太商人说：

“对，倒过来！要是你花一年的工夫去画，那么，只要一天工夫就能卖掉它。”

“一年才画一幅，这有多慢啊！”年轻人惊讶地叫出声来。

犹太商人严肃地说：“对！创作是艰巨的劳动，没有捷径可走的，试试吧，年轻人！”

青年画家接受了犹太商人的忠告，回去以后，苦练基本功，深入搜集素材，周密构思，用了近一年的工夫画了一幅画，果然，它不到一天就卖掉了。

旁敲侧击

当付出与收获不如计划的那么理想时，我们不妨也听听这位犹太商人的忠告——请倒过来试试。

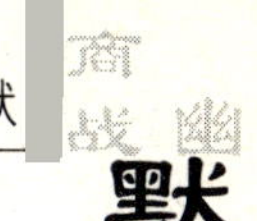

广告的威力

“广告的威力很大。”

“如何证明？”

“当母鸡下蛋时，它总是大声地叫，而鹅下了蛋总是静悄悄的。”

“那又怎么样？”

“所以人们都去买鸡蛋，而几乎没人去买鹅蛋。”

旁敲侧击

对于一个企业来说，维系它正常运转的源动力，就是把产品卖出去，从中获取利润。在如今信息高度发达的时代里，如果说产品质量是企业的生命，那么，产品的知名度就是维系生命的血液。

玩具与皮鞋

一个皮鞋专卖店里出售许多质地很好的皮鞋。在这个城市里大家穿的皮鞋几乎全是从这家专卖店里买的。专卖店的老板很希望这个城市的首富犹太人皮尔斯——一家玩具生产商的老板，也能成为他们的顾客。

于是，专卖店给首富皮尔斯寄去了一双皮鞋并附上一封信，说：

“人们非常喜欢穿我们的皮鞋。我们真诚希望您也能成为我们的顾客，盼望您能为这双做工精细的皮鞋寄给我们50块钱。”

第二天一大早，专卖店收到了一个邮包，里面有个玩具娃娃，娃娃的手里有一封信：

"人们非常喜欢我的玩具。我很希望您们也会成为我的顾客并购下我厂最近出品的漂亮玩具娃娃，现通过邮包寄上。玩具价格是51块，扣除皮鞋的钱后，您们再给我寄来1块钱就可以了。"

旁敲侧击

商场犹如没有硝烟的战场，最终的赢家，往往都是那些善于运用智慧，将商业技巧运用的恰当而得体的人。犹太人皮尔斯的做法，不占便宜不吃亏，幽默与智慧尽显其中。

位置

一天，约翰在朋友的陪同下来到当地一家由犹太人开的餐馆品尝佳肴。

菜上来后，约翰一看，便愤怒地找到服务员，问道："服务员，这是怎么回事？昨天，我花同样的钱，买的同样的鸡，你们端来的比今天的大一倍。"

"是的，先生，"服务员客气地说，"可以问一下吗？昨天您坐在哪儿？"

"坐在临街窗户旁边。"

"那就对了，先生，我们总是给坐在窗户边上的人端上大一点的鸡。这是很好的广告啊。"

旁敲侧击

这个犹太老板其实做的就是示范性广告，这种广告策略就是，用尽可能小的代价，做最大限度的宣传。比如坐在饭店窗边的顾客，就可以得到大一点的鸡，因为街边的人一眼就能看得到；而坐在里面的顾客就没这么幸运了。

自竞身价

在以色列，迈克在一条繁华的大街上开了一家专营鹦鹉的鸟店。有一天，有一位特别喜欢鹦鹉的爱鸟人士，来到迈克的鸟店。这时，迈克正在拍卖一只鹦鹉。这个爱鸟人士看那只鹦鹉毛色很好看决定要买，于是他喊道："我愿意出 10 美金买下这只鹦鹉！"

话音刚落，便有人喊价："我愿意出 20 美金！"

爱鸟人士不愿把那只鹦鹉拱手让人，于是他又喊了 30 美金，可是另一个声音像在跟他作对，一直到他喊到 200 美金时才停。

爱鸟人士买到鹦鹉很高兴，可是他突然想到：我花了那么多钱才买到这只鹦鹉，如果它不会说话我不就亏大了吗？于是他就提着鸟笼去问老板："老板，你这只鹦鹉会不会说话啊？"

接着他听到鹦鹉大叫："不会说话？你以为刚刚是谁在跟你喊价啊！"

旁敲侧击

没有人追捧，再好的东西也不会招人待见。制造竞争态势以自抬身价，这就是精明的迈克教会鹦鹉与买主叫价的良苦用心。

最好的裁缝

纽约的一条街道上，同时住着 3 家裁缝，手艺都不错。可是，因为住得太近了，生意上的竞争非常激烈。为了抢生意，他们都想挂出有吸引力的招牌招徕顾客。

第一个裁缝在他的门前挂出一块招牌，上面写着这样一句话：“纽约最好的裁缝！”

另一个裁缝看到了这块招牌，连忙也写了一块招牌，第二天挂了出来，招牌上写的是：“全国最好的裁缝！”

第三个裁缝是个犹太人，外出未归。他的老婆眼看着两位同行相继挂出了这么大气的广告招牌，抢走了大部分的生意，心里很是着急，为了招牌的事开始茶饭不思——一个说“纽约最好的裁缝”，另一个说“全国最好的裁缝”，他们都大到这份上了，我能说世界最好的裁缝？这是不是有点儿太虚假了？

几天后，犹太裁缝回家了。老婆向他说出了苦恼，他微微一笑，说不用着急，他们在为我们做广告呢。

他也挂出了自己的招牌。果然，又来了很多生客，这个裁缝从此生意兴隆。

招牌上写的是什么呢？

这个裁缝的口气与前两者相比，很小很小——

“本街最好的裁缝！”

“本街”最好，那就是这三家中最好的。你看，聪明的犹太裁缝没有再向大处夸自己的小店，而是运用了逆向思维，在选用广告词时选了在地域上比“全国”、“纽约”要小得多的“本街”一词。这个小小的“本街”却盖过了大大的“纽约”乃至大大的“全国”。

旁敲侧击

犹太人认为，当你的竞争对手超过你时，不要着急，而是要详细研究他们的优势何在，只要你能够找到答案，再想方设法“站”在他们的肩膀上，那么你就是最好的了。

第三章 财富幽默

犹太人把金钱当做上帝，对财富的重视几乎达到了顶礼膜拜的程度，他们总是千方百计地寻找所有可以赚钱的机会。在信奉现金主义的犹太人眼里，衡量一个人是否具有经商智慧，关键看其能否靠不断滚动周转的有限资金把营业额做大。犹太商人凭借自己的对财富的独特理解，获得了世人艳羡的巨额财富。

便宜的酒

约瑟和曼代是一个小村庄酒铺的合伙人。这一天，他们卖完存货，便一起驱车去城里买了一桶威士忌。

在回家的路上天气渐渐冷起来，还刮起了大风，两个人互相开玩笑说对方想喝威士忌。但要真那样做可就是个严重的问题，因为，事前他们装酒的时候就曾约定，谁也不能先喝一口，那是他们一周的生活来源。

约瑟可是个聪明的家伙，他翻了翻口袋，找到了5毛钱，于是他对曼代说："给你五毛钱，从你那份酒里卖给我一点儿喝。"

曼代是个生意人，他回答道："既然你付现金，那我自然是要卖给你的。"

于是他舀了一杯酒给约瑟。约瑟喝了酒以后不久暖和了起来，而且变得很兴奋，而曼代的鼻子因为冷而变得更青了。

他真嫉妒该死的约瑟能那么幸运地找到5毛钱！但是，突然他碰到了口袋里的那枚5毛硬币。

"现在，这钱可是我的啦！"他自言自语道，"为什么我不能拿它买酒喝呢？"

于是他对约瑟说："约瑟，给你5毛钱，从你的那一份里给我倒点儿酒喝。"

约瑟应声道："有现金就行。"

他给曼代舀了一杯酒，收回了他那5毛钱硬币。

就这样约瑟和曼代用那惟一的5毛钱互相买酒，你一杯我一杯喝了一路。等他们到酒铺时两个人都喝得醉醺醺的了。

"真是个奇迹啊！"约瑟嚷道，"想想看，整整一桶威士忌才花了5毛钱!”

旁敲侧击

赚钱是为了生活，但生活并不是为了赚钱。生活的终极目的就是为了追求快乐，不要把贫穷当成不快乐的理由，为了快乐，我们不妨也为自己找个借口。

上帝的代理人

有一对非常穷困的犹太老夫妻，经常挨饿，最后实在无计可施，老头儿就对老太太说：

“老伴儿，咱们给上帝写封信，让他帮帮我们吧!”

老太太极力赞成。于是他们坐下来给上帝写信，求上帝帮忙。写好信后，他们签了名，写上地址，然后仔细封好。

“我们怎样才能把这封信寄到上帝那里呢?”老太太犯难了。

“上帝无所不在。”老头儿说，“我们的信无论用什么方法寄，他都一定能够收到。”

他们走出门去，把信一扔，风就把信给邮走了。

碰巧有一个善良的富人出门散步，风把信吹到了他的面前。他好奇地把信捡起，打开读了，就被这对老夫妇的虔诚和天真感动了。

富人非常同情他们的处境，他决定帮助他们。他快速地取了钱后，就按照信上的地址，敲响了那对老夫妇的门。

“纳特先生住在这儿吗?”他问道。

“我就是纳特。”老头儿回答道。

富人朝他笑了笑。

“我有点事要告诉你，”他说，“几分钟之前上帝收到你的信，我是他在这个地区的代理人，他叫我给你送来100卢布。”

“你瞧，你瞧！老伴儿，”老头儿高兴地大声说，“上帝收到我们的信了！”

老夫妇收下了钱，对上帝的代理人千恩万谢。

可是当那位富人走后，老头儿满腹狐疑。

“你在想什么呢?”他的妻子问道。

“老伴儿，我很怀疑，”老头儿若有所思地说，“那个代理人看上去一点都不诚实。他可能同我们耍了滑头。你知道代理人是怎么回事吗？是从中收钱的人。很可能上帝给了他200卢布让他给我们，可是他留下一半给自己做佣金了。”

旁敲侧击

当面说钱不薄人。含蓄的表达方式虽然倍受推崇，但并不一定是收效最好的一种。在特定情况下，对特定人而言，与其让人捉摸不透留下误解根由，不如开诚布公收获感激涕零。

金钱的负担

有一个商人，生意做得很红火，财源滚滚，虽然请了好几名账房先生，但总账还是靠他自己算。因为钱的进项又多又大，他天天从早晨打算盘到深更半夜，累得他腰酸背痛，头昏眼花。更惨的是，每晚上床后他还会想到明天的生意，一想到成堆白花花的银子，他就又兴奋又激动，根本

无法睡个安稳觉。

白天忙得不能睡觉，夜晚又兴奋得睡不着觉，就这样，这个商人患上了严重的失眠症。

商人隔壁靠做豆腐为生的小两口，每天清早起来磨豆浆、做豆腐，说说笑笑，快快活活，甜甜蜜蜜。墙这边的商人在床上翻来覆去，摇头叹息，对这对穷夫妻又羡慕又嫉妒，他的太太也说："我们这么多银子有什么用？整天又累又担心，还不如隔壁那对穷夫妻活得开心快活。"

商人早就认识到自己还不如穷邻居生活得轻松洒脱，等太太话一落音便说："他们是穷才这样开心，富起来他们就不能了，很快我就让他们笑不起来。"

说完，商人翻下床去钱柜里抓了几把金子和银子，扔到邻居豆腐房的院子里。

这对夫妻正在边唱边做豆腐，忽然听到院子里"扑通"、"扑通"地响，提灯一照，见是闪闪的金子和白花花的银子，于是连忙放下豆子，慌手慌脚地把金银捡回来，心情紧张极了。

这些金银可把这对磨豆腐的小夫妻愁坏了，他们不知把这些财富藏在哪里才好。藏在房里怕不保险，藏在院里怕不安全，从此，再也听不到他们说笑，更听不见他们唱歌。

商人于是和他太太开玩笑说："你看！他们再笑不起来，唱不起来了吧！早该让他们尝尝有钱人的滋味了。"

旁敲侧击

有些时候，剥夺人生快乐的与其说是刀兵相见，不如说是物欲圈套；耗尽我们生命的与其说是穷困的折磨，不如说是琐碎的诱惑。人开始总是为了生存和生活的需求而创造财富的，但当个人财富超过了一生的需求，情况也许就不同了。如果你处理得当，它可能会为你增添无穷的快乐与幸福；如果处理得不好，那么就会变成一种负担，祸害无穷。

卖早点的学问

一条小街上，有两家卖早点的分列两个街头。

由于地理位置的原因，两家早点店的顾客相差无几。

可是奇怪的是，到了结算营业额的时候，靠东边的这家总会比靠西边的那家少出好多钱来。要是一天两天如此，倒还罢了，奇就奇在天天如此。

按理说不应该啊，一样的经营模式，一样的招待方法，一样的价格，而且，经营环境也差不多。

时间长了，这事就传开了，但没有人能够找到其中的原因。

一个学者路过此地，听了这个事，也感到纳闷，就欲探个究竟。

一大早，学者先走进靠东的这家店。一个中年妇女微笑着把他迎进去，在给他盛好了一碗当地人常喝的一种汤后，问学者："要不要鸡蛋?"学者说不要，于是妇人就走开了。

学者留意了一下，那妇人对每个顾客的问话都是一样的——"要不要鸡蛋?"当然，顾客不一，要求也就各异。有说要的，也有说不要的，大概各占一半。

然后，学者又走进靠街西头的那家早点店。

同样也是一个妇人，同样微笑着把学者迎进去。在给学者盛好了一碗汤后，妇人问学者："要一个，还是要两个鸡蛋?"学者下意识地说："要一个。"

学者也特别留意了一下，那妇人对每个顾客的问话都是一样的——"要一个，还是要两个鸡蛋?"学者发现，爱吃鸡蛋的就要两个，不爱吃的就要一个。也有不要的，但是很少。

学者于是露出了会心的微笑。

旁敲侧击

高明的商家其实在做法上与一般的商家并无二致，但细微的区别日积月累就足以造成巨大的差异。作为一个管理者，探索经营模式固然重要，但细节的完美可以更见成效。

财富的秘密

狄奥力·菲勒出生在一个贫民窟里，和所有出生在贫民窟的孩子一样，他争强好斗，也喜欢逃学。惟一不同的是，菲勒有一种天生会赚钱的眼光。他把一辆街上捡来的玩具车修理好，让同学们玩，然后向每人收取十美分，他竟然在一个星期内赚回一辆新玩具车。菲勒的老师对他说："如果你出生在富人家庭，你会成为一个出色的商人。但是，这对你来说已是不可能的，你能成为街头商贩就不错了。"

中学毕业后，菲勒真的成了一名商贩。正如他的老师所说的，与贫民窟的同龄人相比，他已是相当体面了。

他卖过小五金、电池、柠檬水，每一次他都得心应手。

菲勒真正起家靠的是一堆丝绸。这些丝绸来自日本，因为在海轮运输当中遭遇风暴，这些丝绸被染料浸湿了，数量足足有一吨之多。这些被浸染的丝绸成了日本人头痛的东西，他们想处理掉，却无人问津，就想搬运到港口，扔进垃圾箱，又怕被环境部门处罚。于是，日本人打算在回程路上把丝绸抛到大海里。

港口的一个地下酒吧，是菲勒夜晚的乐园，他每天都来这里喝酒。那天，菲勒喝醉了。当他步履蹒跚地走到几位日本海员旁边时，海员们正在

与酒吧的服务员说那些令人讨厌的丝绸。说者无心，听者有意，他感到机会来了。

第二天，菲勒来到海轮上，用手指着停在港口的一辆卡车对船长说："我可以帮助你们把这些没用的丝绸处理掉。"结果，他不花任何代价便拥有了这些被化学染料浸过的丝绸。然后，他把这些丝绸制成迷彩服、迷彩领带和迷彩帽子。几乎在一夜之间，他靠这些丝绸拥有了10万美元的财富。

从此，菲勒不再是商贩，而成为一名商人。

有一次，菲勒在郊外看上了一块地。他找到地皮的主人，说他愿花10万美元买下来。地皮的主人拿到10万美元后，心里嘲笑他真愚蠢：这样偏僻的地段，只有傻子才会出这么高的价钱！

令人料想不到的是，一年后，市政府宣布将在郊外建造环城公路。不久，菲勒的地皮升值了150倍。城里的一位地产富豪找到他，愿意出2000万美元购买他的地皮，富豪想在这里建造一个别墅群。但是，菲勒没有出卖他的地皮，他笑着告诉富豪："我还想等等，因为我觉得这块地应该值更多。"

果然，三年后，菲勒把这块地卖到2500万美元。从此，他成了新贵，可以像上层人一样出入高贵的场所。他的同行们很想知道他当初是如何获得这些信息的，甚至怀疑他和市政府的高级官员有来往，但结果令他们很失望，菲勒没有一位在市政府任职的朋友。

旁敲侧击

商界大贾之所以成为巨大财富的拥有者，就在于他们有一个善于思考的大脑。其实，挣钱的途径很多，只不过每个挣钱的途径都被蒙上一层薄薄的窗户纸，关键在于你是否有能力看到这层窗户纸，和你是否拥有一根捅破窗纸的手指。

换脑

有两个人，一个体弱的富翁，一个健康的穷汉，两个相互羡慕着对方。富翁为了得到健康，乐意让出他的财富；穷汉为了成为富翁，随时愿意舍弃健康。

一位闻名世界的外科医生发现了人脑交换方法。富翁赶紧提出要和穷汉交换大脑。其结果，富翁会变穷，但能得到健康的身体；穷汉会富有，但将病魔缠身。

手术成功了，穷汉成为富翁，富翁变成了穷汉。

但不久，成了穷汉的富翁由于有了强健的体魄，又有着成功的意识，渐渐地又积累了财富。可同时，他总是担忧自己的健康，一感到些轻微的不舒服便大惊小怪。由于他总是那样担惊受怕，久而久之，他那极好的身体又回到原来那多病的状态里；或者说，他又回到以前那种富有而体弱的状态中。

那么，另一位新富翁又怎么样呢？

他总算有了钱，虽然身体孱弱，但他总是忘不了自己是个穷汉。他不想用换脑得来的钱相应地建立一种新生活，而不断地把钱浪费在无用的投资中，真正应了“老鼠不留隔夜食”这句老话。

钱不久便挥霍殆尽，他又变成原来的穷汉。然而，由于他无忧无虑，换脑时带来的疾病不知不觉地消失了。他又像以前那样有了一副健康的身子骨。

最后，两个人又都回到了各自原来的模样。

旁敲侧击

世界是公平的，回报是合理的，你现在自身的状况就是你综合能力最

真实的体现。一个不具备某种能力的人，即使你有幸获得某种东西，也迟早会失去。

我没借你那么多

梅西克向罗扬借800美元，但是梅西克一直没有钱还，每当遇到罗扬，梅西克都会溜掉，避而不见。

束手无策的罗扬，只有唉声叹气的份儿。

一天，罗扬的一个犹太朋友对他说："你不妨写信给梅西克，叫他尽快归还1800美元的债，瞧瞧他的反映。"

罗扬十分需要这笔钱，不得已只好采纳了朋友的建议。

两天后，梅西克就回信了，信中说："罗扬，你这混蛋，是不是脑子出问题了?! 我明明只借了你800美元，你怎么说我欠了你1800美元，随信附上800美元，如果你要打官司的话，你准输。"

旁敲侧击

讨债是一门学问，方法各种各样，技巧各有千秋，但有一点是万变不离其宗的，也是所有讨债成功者具有的一个明显特征，那就是——想办法让欠债者感觉还债才划算，否则就会得不偿失。

选择

犹太富翁波普尔，在病入膏肓之际，知死之将至，便口述遗书，让人执笔代录：

“我儿尤第雅，我谨将全部财产留给送遗书给你的忠实奴仆；你只可以从我之所有物中选择一项。”

波普尔不久便与世长辞了，按照他的遗嘱，奴仆无可争议地获得了财产继承权。

奴仆兴冲冲地将遗书送至拉比手里，然后同拉比一起去找波普尔的儿子。拉比对波普尔的儿子尤第雅说：“令尊已将所有财产送给送遗书给你的那个忠实奴仆，你只能选择其中一件东西作为遗物，你自己随便选择吧。”

尤第雅不假思索地说：“我选择这个奴仆。”

就这样，富翁的儿子既拥有了奴仆，又拥有了全部财产的继承权。

旁敲侧击

在商业经营中，机智自古以来都是渡过难关、反败为胜、绝处逢生的利器。也正是凭借这种智慧，犹太人在近代商业史上一直独霸着“世界第一商人”的宝座。

讨债单

一家私营企业因经营不善，财务室的桌子上总是堆满了各种讨债单。

太多了，都是千篇一律地要钱，财务主管不知该先付谁的好。经理也一样，总是大概看一眼就扔在桌上，说：“能拖一天的就拖一天，让他们等着吧！”

但也有例外，仅有一次。

那次老板很干脆，他豪爽地说：“马上给他。”

那是一张来自以色列的传真过来的账单，除了列明货物标的、价格、

金额外，大面积的空白处写着一个大大的“SOS”，旁边还画了一个头像，头像正在滴着眼泪，简单的线条，但很生动。

这张不同寻常的账单一下子引起所有财务人员的注意，也引起了经理的重视，他看了便说：“人家都流泪了，以最快的方式付给他吧。”

旁敲侧击

人都是有感情的，抓住这一点，用富有感性化的语言和文字，漾起对方感情的碧波，或许就能收到意想不到的效果。其实，经理和这位朋友心里都明白，这个讨债人未必在真的流泪，但他却成功了，一下子以最快速度讨回大额货款。看来，与众不同的思路，的确能够带来与众不同的收获。

智慧与金钱

在经济社会中，人的成功标志和价值，更多的是依靠拥有财富的多寡来衡量的。

犹太人更是此中的佼佼者，他们靠自身的智慧，终生不懈地追求财富，为自己赢得生存和发展的机遇。在犹太哲学中，能赚钱的智慧方为真智慧。

犹太人中间流传着一个智慧与财富的笑话。

拉比甲问拉比乙：

“智慧与金钱，哪个更重要？”

“智慧当然比金钱重要。”

“既然如此，为何学者、哲学家要为富人做事呢？而富人却不为学者、哲学家做事？”

“这很简单，学者和哲学家知道金钱的价值，而富人却不懂得智慧的重要性。”

旁敲侧击

从某一方面来讲，拉比乙的说法很有道理：知道金钱的价值才会去为富人做事；而不知道“智慧”的重要性才会对其傲慢十足。但我们若追究更深层的调侃，其意味则更加深远：既然学者和哲学家知道金钱（财富）的价值，为何不能运用知识（智慧）去获取金钱，而为何单单受富人的奴役而挣取那份不成正比的“嗟来之食”呢?

没收到

一个赌徒把钱输光了，就写信向他的亲戚借钱。但是，他又不想给他的亲戚留下一个坏印象。于是，他灵机一动，在信封背面写道：“其实，给你写这封信，我是多么后悔啊。在信寄出后，我跟着邮递员后边，想把这封信追回来。”

他的亲戚在回信中写道：“既然你是这样渴望收回你借钱的信，你一定会高兴地知道我根本没收到它。”

旁敲侧击

对于这样的人，拒绝是最好的办法，但拒绝方式是要斟酌的。如果他是一个虚伪的人，那么就利用他的言词，抓住他的把柄，给他以迎头痛击，让他哑巴吃黄连，有苦说不出，最后知难而退。

哥伦布立蛋

犹太人哥伦布发现新大陆后，返回英国，女王为他摆宴庆功。

酒席上，许多王公大臣、绅士名流都瞧不起这个没有爵位头衔的人，纷纷出言讥讽哥伦布。

“没什么了不起的，我出去航海，照样也会发现新大陆!”

“驾驶航船，只要朝一个方向前进，就会有重大发现!”

“太容易了！这种事谁碰上谁出名!”

“哥伦布这家伙运气真好!”

哥伦布微笑着听完了大家的讽刺和挖苦，起身说：“各位尊敬的先生、女士，现在请大家做一个游戏——哪位能把鸡蛋在桌子上立起来?”

许多人跃跃欲试，但没有人能够把椭圆形的鸡蛋立在桌子上。

“我们立不起来，你也不能立起来!”于是有人说。

哥伦布拿起鸡蛋向桌子上轻轻一磕，鸡蛋的大头就凹了下去，哥伦布从容地把鸡蛋立在了桌子上。

“这太简单了，谁不会呀!”大家嚷嚷道。

“是的，这方法的确很简单，可是我说过了，这仅仅只是一个小游戏而已。”哥伦布笑着说，“但问题是，在这之前，你们为什么都没有想到过这个方法呢?”

旁敲侧击

生活中我们不时能够听到人们对有钱人的评议，语气和王公贵族们对哥伦布的评论很是雷同。但问题是，在他们用那种方法赚了大钱之前，别的人为什么想不到呢?

捕雀的启示

一天，靠炒卖股票发家的犹太巨富列宛，看着他 8 岁的儿子在院子里捕雀。

捕雀的工具很简单，是一只不大的网子，边沿是用铁丝圈成的，整个网子呈圆形，用木棍支起一端。木棍上系着一根长长的绳子，孩子在立起的圆网下撒完米粒后就牵着绳子躲在屋内。

不一会儿，就飞来几只雀儿，孩子数了数，竟有 10 只之多！它们大概是饿久了，很快就有 8 只雀儿走进了网子底下。列宛示意孩子可以拉绳子了，但孩子没有，他悄悄告诉列宛，他要等那 5 只进去再拉，再等等吧。

等了一会儿，那 5 只非但没进去，反而走出来 4 只。列宛再次示意孩子快拉，但孩子却说，别忙，再有一只走进去就拉绳子。

可是接着，又有 3 只雀儿走了出来。列宛对他说，如果现在拉绳子还能套住 1 只玩儿。但孩子好像对失去的好运不甘心，他说，总该有些要回去吧，再等等吧。

终于，连最后 1 只雀儿也吃饱走出去了。孩子很伤心。

列宛抚摸着孩子的头，慈爱地教训道：

"欲望无穷无尽，而机会却稍纵即逝，很多时候，贪婪不但不能满足我们的欲望，反而会让我们把原先拥有的东西也失去。"

旁敲侧击

对于贪婪的人来说，煮熟的鸭子也会飞。玩过股票的人都知道，真正的赢家从来都是那些知足常乐者。

钞票换小票

摩西走进纽约市的一个厕所，坐上马桶之后好一会，才发现厕所内没有准备卫生纸。

于是，他便隔着墙问邻座如厕者：

“请问，您那儿有卫生纸吗？”

传来的回答令人失望：

“没有，我也正为此犯愁呢。”

“请问您手边有报纸、杂志之类的东西吗？”

“什么也没有。”

“那么我用10美元的钞票与您兑换小票好吗？”

旁敲侧击

钞票在这里做什么用，大家都清楚，用10美元的钞票兑换小票的目的，大家也清楚，但这种明显的转嫁损失的做法，仅仅因为一个“自愿的等值交换”的形式上的正当，也就成为一种不仅正当而且聪明的“谋利行为”。只要形式上正当的行为就是正当行为。这一命题被犹太人的这则笑话明晰地证明出来。

财富观点

一个与银行家比邻而居的鞋匠一天到晚都不停地唱着歌，对人总是笑脸迎人，他对自己的生活与工作都非常满意。

银行家拥有万贯家财，时时对人存有戒心，很少与人有往来，为了怕被偷，晚上更是睡不好，因此经常愁眉不展。

银行家非常想知道鞋匠快乐的秘密，一日，将鞋匠找来并问他："为何你每天总是过得如此快乐？你能否告诉我你一年赚多少钱呢？"

鞋匠告诉银行家："先生，我从来不去计算我所赚的钱，只要每天有饭吃我就心满意足了。我的财富并不是因为我拥有的很多，而是我要求的很少。"

旁敲侧击

快乐是一种没有成本的享受。拥有多少财富并不一定能拥有多少快乐，只有那些知足常乐的人，才能够享受到生活的乐趣。

富翁不是攒的

卡恩站在百货商场前，目不暇接地看着形形色色的商品。他身旁有一位穿戴很体面的犹太绅士，站在那里抽着雪茄。

卡恩恭恭敬敬地对绅士说：

"您的雪茄很香，好像不便宜吧？"

"2 美元一支。

"好家伙……那您一天得抽多少支呀？"

"10 支。"

"天哪！这么多！……您抽多久了？"

"40 年前我就抽上了。"

"什么，您仔细算算，要是不抽烟的话，那些钱就足够买下这幢百货商场了。”

“这么说，您不抽烟?”

“是的，我不抽烟。”

“那么，您买下这幢百货商场了吗?”

“没有。”

“告诉您，这幢百货商场就是我的。”

旁敲侧击

谁也不能说卡恩不聪明，因为：第一，他账算得很快，一下子就计算出每支2美元的雪茄每天抽10支，40年下来的钱就可以买一幢百货公司。第二，他很懂勤俭持家、由小到大积累的道理，并且身体力行，从来没有抽过2美元一支的雪茄。但谁也不能说卡恩有活的智慧，因为他不抽雪茄也没有省下可以买百货公司的钱。卡恩的智慧是死智慧，绅士的智慧才是活智慧，巨大的财富都是靠财富繁殖出来的，靠克扣自己则很难攒成巨富。当然，我们并不是说攒钱是错误的，关键的问题是一味的攒钱，花钱的时候，就会极其的吝啬，这会让你获得贫穷的思想，从而没有发大财的机会。

活用商业游戏规则

犹太商人巴拉尼走进一家银行的贷款部，大大咧咧地坐下来。

“请问，有什么需要帮忙的吗?”贷款部经理一边问，一边打量着一身名牌穿戴的巴拉尼。

“我想贷款。”

“好啊，您要贷多少?”

“1美元。”

“啊？只需要1美元？”

“不错，只贷1美元。可以吗？”

“当然可以。只要有担保，再多点也无妨。”

“好吧，这些担保可以吗？”巴拉尼说着，从豪华的皮包里取出一堆股票、国债等等，放在经理的写字台上。说：“这些东西的总价值大概有50多万美元，够了吧？”

“当然，当然！不过先生，您真的只要贷1美元吗？”

“是的。”说着，巴拉尼接过了1美元。

“年息为6%。只要您付出6%的利息，一年后归还，我们就可以把这些股票还给您。”

“谢谢！”说完，犹太人就准备离开银行。

这家银行的行长一直在旁边冷眼观看，他怎么也弄不明白，一个拥有50万美元的有钱人，怎么会来银行贷1美元。他匆匆忙忙地赶上前去，对巴拉尼说：“啊，这位先生请留步！”

“有什么事情吗？”巴拉尼问。

“我实在搞不明白，您拥有50万美元，为什么只贷1美元呢？要是您想贷个三四十万美元，我们也会很乐意的……”银行行长说。

“谢谢你的好意。看在你这么热情的份儿上，我不妨将实情告诉你。”巴拉尼微笑着说，“我是来贵地做生意的，感觉随身携带这么多的钱很碍事，就想找个地方存放起来。在来贵行之前，我问过好几家金库，他们保险箱的租金都很昂贵。所以嘛，我就准备在贵行寄存这些股票。租金实在太便宜了，一年只需花6美分……”

旁敲侧击

这位聪明的犹太商人给我们的最大启示就是——犹太商人是守规矩的商人，但他们总能在不改变规则形式的前提下，灵活地变通规则为其所用。

第四章 谈判幽默

犹太人认为，谈判是没有硝烟的战争，三言两语说得好能赢得人心，口若悬河说不好也会招来杀身之祸。因此，犹太人在谈判时特别小心谨慎，从不信口开河，并在谈判前尽可能地做好大量的准备工作，对谈判中所有可能出现的问题都要预测到，并拿出相应的对策，做到成竹在胸。因而，犹太人在谈判时幽默风趣，能够轻易地控制谈判气氛，并取得谈判的胜利。

保密

基辛格参加美苏战略武器谈判并签署协议之后，他立即在自己下榻的饭店举行记者招待会。在会上，基辛格透露说："苏联每年大约有生产250枚导弹的能力。"

"我们美国呢?"敏感的美联社记者马上接过话头，"我们的导弹生产能力怎样？核潜艇又有多少?"

"很抱歉！我不知道美国每年生产导弹的枚数，"基辛格答道，"不过，核潜艇的数目我倒是清楚的，但我不知道是不是属于保密的。"

"不属于保密的!"那记者又立刻说道。

"不保密吗?"基辛格微笑着说，"那好，你能告诉我有多少吗?"

旁敲侧击

说话是一门高雅的艺术，说得好了，即使别人没有达到自己的目的，也会对你佩服得五体投地。通常而言，对于不适宜从正面回答的问题，反其道而行之，把球踢给对方，是一种比较好的策略。

追逐

街上一位十分漂亮的姑娘紧紧地吸引住了一个年轻小伙子的眼球。于是，姑娘到哪儿，他就跟到哪儿。姑娘发现后，停住脚问："你老跟着我干什么?”

“你太漂亮了，我喜欢你。”小伙子羞涩地答道。

“我有什么可吸引你的?”姑娘问。

“你就像一朵盛开的鲜花!”小伙子说。

“瞧你这个丑样，像个甲壳虫，我才不在乎你呢?”姑娘说。

“不，你说错了，我像只蜜蜂!”小伙子平静而幽默地说。

旁敲侧击

当受到他人的嘲讽时，最平常、也最失败的反应就是以牙还牙，横眉冷对。如若像本文中的小伙子这样平静以对、风趣地加以纠正，则必定高人一等。这样的人是风趣的，也是受人欢迎的。

抢劫

一天深夜，一个犹太人带了一笔钱快步走在回家的路上。

在经过一段没有路灯的小巷子时，从墙角处突然闪出一个蒙面大汉，用手枪顶住犹太人的前额，穷凶极恶地说:“把身上所有的钱都交出来。”

犹太人看着黑洞洞的枪口，装做浑身发抖的样子，战战兢兢地说:“我是有点钱，可全是老板的，帮个小忙吧，在我帽子上打两枪，我回去好交待。”

蒙面大汉没有说话，但把他的帽子接了过去，“砰砰”地打了两枪。

犹太人又央求再朝他的裤脚打两枪，“这样就更逼真，主人不会不相信了。”

蒙面大汉不耐烦地拉起裤脚打了几枪。

犹太人又说:“请再朝衣襟上打几个洞吧。”

蒙面大汉骂着：“你这个胆小鬼，他妈的……”

蒙面大汉扣着扳机，但不见枪响。犹太人一看，知道子弹没了，便飞也似的跑了。

旁敲侧击

面对带枪的强盗，反抗或逃跑是无济于事的，生活中我们难免会遭遇这样或那样的危险，只要你保持镇定，控制好情绪，机智面对，就有可能化险为夷。

就坡打滚

舞台上，一位杂技演员表演踩蛋时，一不留神，把脚下的一个鸡蛋踩碎，这一切全暴露在观众的眼里，台下一阵骚动。

这位演员很尴尬地又换了一个鸡蛋。这时，主持人忙打圆场：“为了增加艺术效果，证实鸡蛋是真的，所以演员故意踩碎了一个给大家看。”

也许上帝就爱这么捉弄人，主持人话音还没有落，演员脚下的鸡蛋又踩碎了一个。

观众的眼光马上转向主持人：这回看你怎么说。只见主持人无可奈何地叹了口气，说：“哎，社会上的伪劣产品屡禁不绝，看来政府真得加大打击力度了，这不，连母鸡都生产劣质产品了！”

旁敲侧击

聪明人总爱装糊涂，因为糊涂能够体现智慧。有很多场合，常常会出现意外事件，如果不能妥善处理，就会发生难堪的事，从而破坏现场气氛。这时不妨幽默一下，就坡打滚，或许就能挽回看似无法挽回的尴尬局面。

斗争与胜利

在一家药店里，一顾客气愤地对经理说："一星期前，我在这买的润肤膏，我用了一点作用也没起，我要求退款。"

"为什么？"

"你说，它可以与脱发做斗争的，可是不顶用。"

"您再试试看。我是说过，这种润肤膏可用来与脱发作斗争，但并未说，它一定最终能取得胜利。"

旁敲侧击

在商务谈判中，不仅自己要保持语言的严谨性，而且也要仔细琢磨谈判对手的语言，找准关键字眼，说不定也能随时给对方以致命的一击。

一幅肖像画

在美国的一个犹太人聚集地，一个富翁请一位犹太画家为他画肖像。犹太画家精心地为富翁画好了肖像，但富翁却拒绝支付议定的5000元报酬，理由是："你画的根本不是我。"不久，画家把这幅肖像公开展览，题名为《贼》。富翁知道后，万分恼怒，打电话向画家抗议。

"这事与你有什么关系？"画家平静地说，"你不是说过了吗？那幅画画的根本就不是你！"

富翁不得不买下这幅画，改名为《慈善家》。

旁敲侧击

当对方不愿意履行承诺的时候，当你的劳动成果就要付诸东流的时候，你要冷静地对待所遇到的事，找到对方的要害，用最巧妙、最经济的方式迫使对方就范。

让对方失去耐性

多年前，在以色列，一位从战场凯旋归来将军回到了自己所在的城市，在这个城市的社交界身价倍增，也成为众多贵妇追逐青睐的对象。

然而，这位久经沙场的将军对此却并不热衷，而且还有些讨厌。可是，总有一些人硬是紧追不舍，纠缠不休。有一个在当地颇有名气的女记者，几个月中一直给这位将军写信，想结识这位风云人物。

在一次当地政府特地为他准备的舞会上，这名女记者手上拿着桂枝，穿过人群，迎着将军走来。

将军躲闪不及，与女记者撞个正着。于是，女记者把一束桂枝送给将军，将军绅士般地笑了笑，言语极为恳切地说道：

“应该把桂枝留给缪斯。”

此时，女记者认为这只是将军想打破歉意氛围的一句玩笑话，因此，她并不感到尴尬。她继续努力地寻找话题与将军纠缠，将军出于礼貌也不好生硬地中断谈话。

“将军，您最喜欢的女人是谁呢？”

“是我的妻子。”

“这太简单了，您最器重的女人是谁呢？”

“是最会料理家务的女人。”

“这我想到了，那么，您认为谁是女中毫杰呢？”

“是孩子生得最多的女人，夫人。”

他们这样审讯犯人般的一问一答谈话方式，气氛令人窒息，自然是愈谈愈没有进行下去的必要。此时，女记者感到局促不安，也不想再自讨没趣，只好起身离去。

旁敲侧击

“顾左右而言他”，既不答应，也不拒绝，就是不切入正题。这是一个高明的谈判者，在面临僵局，又不得不把谈判进行下去的一种策略。这样时间久了，对方就会失去耐性，那么你的目的也就达到了。

自我介绍

摩西·门德尔松是德国18世纪的大哲学家，而且有着典型的犹太人体相。

一天，他在柏林大街上散步时，不小心撞到穿军服的普鲁士军官身上。

军官冲他粗鲁地骂道：“笨猪！”

这时，哲学家微微弯了弯腰，彬彬有礼地说：“门德尔松。”

然后扬长而去。

旁敲侧击

狗咬了人一口，人绝不会俯下身子去咬狗一口。大哲学家门德尔松面对粗鲁的军官，在不损自己大家风范的同时，又有力地回击了对方。

上帝的回答

有一个人这样问上帝："尊敬的上帝啊，在你的眼睛里，一千年是多长时间？"

上帝回答道："一分钟。"

"伟大的上帝，在你的眼睛里，一万个金币又是多少钱呢？"

"就一个小钱罢了。"

"仁爱的上帝呀，那就请你恩赐我一个小钱吧！"

"好，可怜的孩子，一分钟后，我拿给你！"

旁敲侧击

当他人向你提出非份要求时，拒绝并不是惟一的方式——你可以答应对方的要求，但一定要限定一个对方不可能接受的条件。这种反击会让对方一点便宜都占不到，并知难而退。

定论

在一所法学院的公共教室里，两位学生正在争论一个重要的问题：学习法典的时候抽烟可不可以。他们据理力争，相持不下，最后去找拉比来作个定论。

"拉比，"一个学生抢先一步问，"在学习法典时可以吸烟吗？"

拉比非常气愤地说道："不可以!"

另一个学生走近拉比，说道："他问得不对。是这样，拉比，当人们在抽烟的时候可以学习法典吗?"

"当然可以!"拉比兴奋地做了定论。

旁敲侧击

同一个动作，只不过颠倒一下顺序，但实质性的内容，仍然没有改变，然而却得到了不同的定论，表达语言的方式的确玄妙而有趣。

马路新闻与风中羽毛

有一个犹太女人很喜欢东家长、西家短地道人是非。多嘴本来是女人的天性，但是她却太过火了，以至于连平常绕舌的三姑六婆们也都无法忍受，终于有一天大家一起到拉比那里去控诉她的行为。

拉比仔细倾听每一个女人的控诉之后，便要这些女人们先回去。然后拉比差人去找那个多嘴的女人来。

"你为什么无中生有，对邻居太太们品头论足?"

多嘴的女人笑着回答说："我并没有杜撰什么故事啊！也许我有一点夸张事实的习惯，不过我说的不是很接近事实吗？我只是把事实稍微修饰一下，使它更有声有色而已。但是或许我真的太多嘴了，连我丈夫都这么说。"并表达自己想改正这个毛病。

"好吧！让我们来想一想，有没有什么好的治疗方法呢?"拉比想了一会儿之后，走出房间，然后拿回一个大袋子，他对女人说，"你把这个袋子拿去，到了广场之后，你就打开袋子，在回家的路上将里面的东西放在路边；到家之后，你便要再掉过头来，把东西收齐以后，再回到广场上

去。”

女人接过这个袋子，觉得很轻，她很纳闷，非常想知道里面装的是什么东西。于是加快脚步走到广场去，到了广场之后，她迫不及待地打开一看，里面装的竟然是一大堆羽毛。

那是一个万里无云的日子，微风轻吹，令人觉得非常舒服。女人照着拉比的吩咐，一面走，一面把羽毛摆在路边，当她走进家门时，袋子刚好空了。然后她又提着袋子，一边捡，一边回广场。

可是，凉爽的秋风却吹散了羽毛，以致所剩寥寥无几。女人只好回到拉比那里，她向拉比说，一切都照拉比的吩咐去做了，但是，却只能收回几根羽毛。

“我想也是的。”拉比说，“所有的马路新闻，都像是大袋子里的羽毛一样，一旦从嘴里溜出去，就永无收回的希望。”

在拉比的教育下，这个女人改掉了坏习惯。

旁敲侧击

犹太人认为，长舌远比三只手更令人头痛，假话传久就会变成恶言，谣言足以隔离亲近的朋友。因此，不要用嘴巴去发现看不见的东西。同时，犹太人还认为，遇到鬼的时候，你一定会拔腿就跑；同样的，遇到马路消息时，你也要快速地逃。

舌头

人之所以有两个耳朵、一张嘴巴，是为了让人多听少说，听的分量要有说的两倍。于是，那些懂得听话艺术的人总是让人尊敬，而那些只知喋喋不休地说个不停的人只能让人更厌恶。

尽管舌头表现没有骨头，但也应该特别小心。因为话一旦说出口，就像射出的箭，再也不能收回了。

有一个拉比对他的仆人说：

"到市场去给我买些好东西。"

仆人去了，带回来一个舌头。

拉比又对仆人说："出去到市场上给我买些不好的东西。"

仆人去了，又带回来一个舌头。

拉比对他说："为什么我说'好东西'你带回来一个舌头；我说'不好的东西'，你还是带回来一个舌头？"

仆人回答说："舌头是善恶之源。当它好的时候，没有比它再好的了；当它坏的时候，没有比它更坏的了。"

旁敲侧击

无论在什么地方，都不要让你的舌头抢先于你的思想，有话一定要想好后再说。除非你的话能给人带去愉悦，否则最好保持沉默。

第五章　处世幽默

犹太人的处世之道，繁复庞杂，非只言片语所能概括的，但总的说来，犹太人很重视中庸的观念，不喜欢偏激的思路，这也是犹太人强调理性处世的原因之一。在犹太人的眼中，任何事与人都有好坏两面，无论对人或对事，都不应单纯地看待他们的某一方面，而应该综合、全面、辨证地看待。

一件旧大衣

一天，爱因斯坦在纽约的街道上遇见一位朋友。

“爱因斯坦先生，”这位朋友说，“你似乎有必要添置一件新大衣了。瞧，你身上这件多旧啊。”

“这有什么关系？反正在纽约谁也不认识我。”爱因斯坦无所谓地说。

几年后，他们又偶然相遇。这时，爱因斯坦已誉满天下，却还穿着那件旧大衣。他的朋友又建议他去买一件新大衣。

“这又何必呢?”爱因斯坦说，“反正这儿每个人都已经认识我了。”

旁敲侧击

伟大的人都是平和的人，在他们的身上，外在形象与内在精神是和谐统一的。永远不要以为华丽的羽毛即可使飞禽美丽，华丽的衣裳就可以让人高贵。

讨教

有个犹太商人来到一个市场里做生意，当他得知几天后这里所有商品大甩卖时，就决定留下来等待，可是，他身上带了不少金币，当时又没有银行，放在旅店也不安全。

经过反复思忖，他独自来到一个无人的地方，挖了一个洞，把钱埋藏起来。第二天当他回到藏钱的地方时，发现钱已经丢了。他呆呆地愣在那里，反复回想藏钱的情景，当时附近没有一个人啊，他怎么也想不出钱是怎样丢的。正当他纳闷之际，无意中一抬头，发现远处有间屋子，可能是这家屋子的主人正好从墙洞里看到他埋钱的地方，然后将钱挖走。那么，怎样才能把钱要回来呢？经过深思熟虑，他去找那屋子的主人，客气地说道："您住在城市，头脑一定很聪明，现在我有一件事想请教您，不知是否可以？"那人热情地回答说："当然可以。"

犹太商人接着说道："我是来这里做生意的外地人，身上带了两个钱袋，一个装了800金币，一个装了500金币，我已把小钱袋悄悄埋在没人的地方。但不知道这个大钱袋是交给能够信任的人保管呢，还是继续埋起来比较安全呢？"

屋子的主人答道："因为你是初来乍到，什么人都不该相信，还是将大钱袋一块埋在藏小钱袋的地方吧。"

等犹太商人一走，这个贪心不足的人马上取出偷来的钱袋，立刻放在原来的地方……

旁敲侧击

犹太人的机智就在于巧妙地利用了人的贪心。在商业活动中，总有被偷、被骗，或别人赖账的时候，我们不妨学学犹太人的高招。

我是谁

就要毕业考试了，怀特起早贪黑地复习了一个月的时间。

考试那天，只见亨利教授提了一个鸟笼子走进了教室，鸟笼子用黑布裹着，只露了两条鸟腿在外面。

亨利教授把鸟笼子放在讲台后，面带微笑地对同学们说："今天的考试内容，就是猜这只鸟笼里装的是什么鸟。现在就开始答卷，然后交上来，猜对者就算通过了考试！"

同学们从没见过这种考试形式，都不知如何是好，眼睛直愣愣地瞪着鸟笼子，教室里静极了。

这时候，一阵桌凳移动声，打破了教室里的安静。是怀特交卷了。亨利教授接过怀特的试卷一看，上面干干净净，什么也没有写，就连填写姓名一栏也是空空的。亨利教授气愤地问道："你叫什么？"

怀特用一根手指推了推滑到鼻翼上深度眼镜，一言不发地提起两条裤腿，露出两条毛腿问："教授！你猜，我是谁？"

旁敲侧击

面对无理的刁难，最好的办法就是以其人之道还治其人之身。怀特的现学现用，巧妙应付老师的怪题，令人顿生一种拍案叫绝的冲动。

愚蠢的人

一天，彼德到一家商店买东西。店老板想向他推销自行车，便说："你瞧，这里的自行车都很漂亮。我可以挑最好的一辆卖给你，你就可以天天骑着它去察看你的庄稼了。"

"啊，不！"彼德说，"我不需要自行车。我想，还不如在我的牛圈里多添一头奶牛。"

"照你这么说，"老板说，"你就得骑着奶牛进城了，这多么愚蠢啊！"

"是吗，我倒不觉得。"彼德接着道，"骑奶牛进城同用自行车挤牛奶相比，究竟哪个更愚蠢呢？"

旁敲侧击

物质不在价高价低，也不在质好质坏，关键在于是否对自己有用。在这则幽默故事中，对于农夫而言，奶牛当然要远比自行车更重要。

好人

一个路人沿着街道走着，忽然看见一辆没有司机驾驶的汽车，在街上缓缓前进。

他丝毫没有犹豫地跑上前去，一个箭步跳上那辆车子，死死地踩住车闸，车子于是停了下来。

他四面张望寻找车主，这时候一个人从车后站了起来，路人问他："这是你的车子吗？"

这人答说："是呀！"

路人又问他："你知不知道它刚才在街上缓缓前进？"

这人回答说："我当然知道，因为我正在推这辆车。不过不知怎么回事，现在我怎么推也推不动了。"

旁敲侧击

乐于助人当然是好事，应该大力提倡，但若不搞清情况就满腔热情地开始"帮"了，结果就有可能是越帮越忙，那就会遭人白眼了。所以犹太人常说：盲目的热情，有时不但无益，还可能足以坏事。

该来的没来

有个人请客办事，看看约定的时间过了，还有一大半的客人没来。主人心里很焦急，便说："怎么搞的，该来的客人还不来？"一些敏感的客人

听到了，心想："该来的没来，那我们是不该来的喽？"于是悄悄地走了。

主人一看又走掉好几位客人，愈发着急了，便说："怎么这些不该走的客人，反倒走了呢！"剩下的客人一听，又想："走了的是不该走的，那我们这些没走的倒是该走的了！"于是又都走了。

最后只剩下一个跟主人较亲密的朋友，看到这种尴尬的场面，就劝他说："你说话前应该先考虑一下，否则说错了，就不容易收回来了。"

主人大叫冤枉，急忙解释说："我并不是想让他们走的啊！"这个朋友听了，大为光火，说："不是叫他们走，那就是叫我走了！"说完，头也不回地离开了。

旁敲侧击

说话要讲究技巧，不能口无遮拦，想说什么就说什么。所谓"言者无心，听者有意"，说话时如果不考虑听者的立场，就很容易在无意中伤害别人，而产生一些不必要的误会。

验证

一男子喝了12听啤酒，摇摇晃晃、步履蹒跚地向家里摸去。当他晃到家门口时，刚好被老婆堵了个正着。

"你到哪儿去了，整个晚上都不回家？"她喝问道。

"在刚开业不久那家相当不错的沙龙，"他说，"金色沙龙，那里的一切都是金光闪闪的。"

"做梦呢，哪有这种地方！"

"有呀，不信你去看看！金色的门，金色的地板，连尿壶都是金子做的！"

老婆对他的鬼话当然不会相信。第二天，她拿起丈夫的电话本，给那

个叫金色沙龙的地方打了电话。

“这里是金色沙龙吗?”她向接电话的服务生问道。

“对呀!”

“你们有金色的地板吗?”

“可以这么说。”

“那金色的尿壶呢?”

电话那头一阵沉默之后，女人听到酒保大吼：“嘿，公爵，我想，在你萨克斯里尿尿的那个家伙，就是打电话的这人!”

旁敲侧击

欢乐和笑声是犹太人生活中必备的良药，这使他们总能保持一种乐观的生活态度。犹太人甚至认为：只要是幽默就能使人放松心情，而惟有贤者才能在任何情况下，都永远保持着宽松的心情。

最出色的动作

一家电视台为了进一步提高收视率，用丰厚的奖金，征集“10 秒钟惊险镜头”活动。许多新闻工作者为此趋之若鹜，征集活动一时成为人们关注的焦点。在诸多参赛作品中，一个名叫“卧倒”的镜头以绝对的优势夺得了冠军。

获得冠军的作者是一位名不见经传、刚刚踏入工作岗位的小伙子。这短短的 10 秒钟，在常人看来就是眨几下眼的时间，然而，却让这家电视台频率所能覆盖的区域里的人们，在播放这组镜头的当天晚上，最初是等待、好奇或者议论纷纷，而后，每一双眼睛里都噙满了泪水。

这个 10 秒钟镜头是这样的：在一个火车站，一个扳道工正走向自己的岗位，去为一列徐徐而来的火车扳动道岔。这时在铁轨的另一头，还有一列火车从相反的方向进站。假如他不及时扳岔，两列火车必定相撞。

此刻，他无意中回过头一看，发现自己的儿子正在铁轨那一端玩耍，而那列开始进站的火车就行驶在这条铁轨上。是抢救儿子，还是扳道避免一场灾难——他可以选择的时间太少了。那一刻，他威严地朝儿子喊了声“卧倒！”同时，冲过去扳动了道岔。一眨眼的功夫，这列火车进入了预定的轨道。那一边，火车也呼啸而过。车上的旅客丝毫不知道，他们的生命曾经千钧一发，他们也丝毫不知道，一个小生命卧倒在铁轨中间。火车在轰鸣着驶过，孩子丝毫未伤。那一幕刚好被一个从此经过的记者摄入镜头中。

大多数人都以为，那个扳道工一定是一个非常优秀的人。后来，人们知道，那个扳道工就是一个普普通通的人。他惟一的优点就是忠于职守，没误工过一秒钟。而更让人意想不到的是，他的儿子是一个弱智儿童。

他对记者说，自己曾一遍一遍地告诉儿子说：“你长大后能干的工作太少了，但你必须有一样是出色的。”儿子听不懂父亲的话，依然傻呼呼的，但在生死攸关的那一秒钟，他却“卧倒”了——这就是他在跟父亲玩打仗游戏时，惟一能够听懂，并做得最为出色的一个动作，想不到在最危险的时刻，竟派上了大用场。

旁敲侧击

在竞争残酷的商业社会中，要求人们掌握的技能越来越多，多学一些知识是好的，但多中有精才行。因此，犹太人强调，在一个人所掌握的全部技能中，必须有一样是出色的。

最好的猎手

有三个猎人，一起去猎熊。他们在一间小屋中过夜，都说自己是最好的猎手，互不相让，争得面红耳赤。

第二天，天刚蒙蒙亮，其中一个人悄悄地溜了出来，想证明自己才是最好的猎手。不久，他果然遇到一只两眼饿得通红的大熊。他吓得一动也不敢动，接着把猎枪扔下，掉头就跑。

大熊看样子饿得不轻，在后面穷追不舍，根本没有想放掉他的意思。

到了小屋门口，他腿一软跌倒了。熊冲上来，他一闪，熊扑了个空，冲进了屋子。这个人的脑子反应倒非常快，见状立即把门从外面反锁起来，叫道："伙计们，这是我捉的第一只，你们去剥它的皮吧，我现在去捉第二只!"

旁敲侧击

生活中总有很多这样的人，平时牛吹得比天还大，但一旦大事当前，却跑得比风还快，根本找不到人影。这样的人要离他远点，否则，早晚有一天你也会接到他丢给你的烫手山芋。

惊喜

有一对清贫的老夫妇，他们想把家中惟一值点钱的一匹马拉到市场上去换点有用的东西。老头牵着马去赶集了，他先与人换得一头母牛，又用母牛去换了一只羊，再用羊换来一只肥鹅，又把鹅换了母鸡，最后用母鸡换了别人的一口袋烂苹果。

在每次交换中，他都想给老伴一个惊喜。

当他扛着大袋子来到一家小酒店歇息时，遇上两个美国人。闲聊中他谈了自己赶集的经过，两个美国人听后哈哈大笑，说他回去准得挨老婆子一顿揍。老头子坚称绝对不会，美国人就用一袋金币打赌，三个人于是一起回到老头子家中。

老太婆见老头子回来了，非常高兴，她兴奋地听着老头子讲赶集的经

过。每当老头子讲到用一种东西换了另一种东西时，她都充满了对老头的钦佩。

她嘴里不时地说着：“哦，我们有牛奶了！”

“哦，羊奶也同样好喝！”

“哦，鹅毛多漂亮！”

“哦，我们有鸡蛋吃了！”

最后听到老头子背回一袋已经开始腐烂的苹果时，她同样不愠不恼，大声说：“我们今晚就可以吃到苹果馅饼了。”

结果，美国人输掉了一袋金币。

旁敲侧击

事情既然已经发生了，与其抱怨，不如坦然接受，用积极的心态拥抱生活，这样或许会得到更好的结局。

抵债

许多年前日本京都市有两个邻居，一个是具有犹太血统的穷鞋匠，一个是鱼行的富老板。

鱼行老板很善于经营，他从早到晚剖鱼、煮鱼，把鱼串在竹签上，放在火炉上熏好晒干。

他做的鳗鱼特别好吃，他把鳗鱼浸在酱油里，然后放在油锅里炸，再浇上一些醋。

但是他有一个缺点：那就是太吝啬，对谁也不肯赊账。

邻居穷鞋匠非常喜欢吃鳗鱼，但他没有多余的钱买鱼吃。

但穷有穷的办法。

一天中午到了吃饭时间，穷鞋匠走到鱼店老板家里，从怀里掏出一块米饼坐到熏鱼的炉子边，一边和鱼老板闲聊，一边贪婪地吸着熏鱼的香味。

这味道多好啊！鞋匠用鱼的香味就着米饼吃，就好像自己嘴里有一块又肥又柔软的鳗鱼一样。

接连好几天，鞋匠都到鱼老板家里来吸熏鱼的香味。

吝啬的鱼老板发觉了鞋匠的计谋，就决定无论如何要收他的钱。

一天早晨鞋匠正在补鞋子，鱼老板走进鞋匠家，默默地交给他一张纸，上面写着鞋匠到鱼店里去过几次，吸了几次熏鱼的香味。

"先生，这张纸为什么交给我？"

鞋匠心中已猜到八九，表面则装作不解地问道。

"为什么？"鱼老板不客气地叫道，"你难道以为每个人都可以随便到我店里来吸熏鱼美味吗？不行的！这种享受必须付钱！"

鞋匠听了一句话也没说，默默地从口袋里掏出两枚铜币放在茶杯里，用手掌捂住后开始摇茶杯，铜币发出很响的声音。

过了几分钟他停止摇动，把茶杯放在桌子上，笑着对鱼老板说："听见铜币的声音了吧！现在我们抵消了债务！"

"怎么抵消？你说什么？你不肯付吗？"

"我已经付给你了。"

"怎么付的？什么时候？"

"刚才！我以铜币的声音付了你熏鱼的香味。你要是以为我鼻子得到的比你耳朵得到的要多，我还可以把这个茶杯再摇几分钟！"

鞋匠说完就要伸手去拿茶杯。

吝啬的鱼老板深怕一会儿自己听到的声音比鞋匠吸过的香味还要多，便没等杯子发声就急忙跑回自己的店里去了。

旁敲侧击

生活中，我们每个人都会遇到耍无赖或无理取闹的人，对待这种人千万不能妥协，更不能屈服，而应该坚决地以其人之道还治其人之身。

第六章　寓言幽默

在犹太民间，流传着许多非常经典、智慧的寓言故事，这些寓言可以说是犹太商人经商智慧的总结，它们高度地浓缩了犹太民族的千年智慧。阅读犹太人的传世寓言，借鉴他们的商战经验，我们无疑会走得更远。

贪欲

上帝制造了驴子，对它说："你是头驴子，要从早到晚不停地干活，在你的背上还需要驮着重物，你吃的是草而且缺乏智慧。你的寿命为 50 年。"

驴子就乞求上帝："我的主啊！50 年是不是太长了，求求你再给我减去 30 年吧！"

上帝答应了。

上帝制造了狗，对它说："你呀，需要随时保持警惕，生活在你最好的伙伴——人类的身边，你吃的将是他们桌上的残食。你的寿命为 25。"

狗就乞求上帝："我的主啊！25 年是不是太长了，求求你再给我减去 15 吧！"

上帝答应了。

上帝制造了猴子，对它说："猴子啊，你将被悬挂在树上，像个白痴一样令人发笑。你的寿命是 20 年。"

猴子眨眨眼睛，问上帝："我的主啊！20 年是不是太长了，求求你再给我减去 10 年吧！"

上帝也答应了它。

最后，上帝造了人。对他说："人，要有理性地生活在这个世界上，用你的智慧掌握一切，支配一切。你的寿命是 20 年。"

人听完是这样回答的："我的主啊！20 年是不是太短了，你能不能将驴子拒绝的 30 年，狗拒绝的 15 年，和猴子拒绝的 10 年赐予我啊？"

上帝也同样答应了他的要求。

旁敲侧击

这是《塔木德》里的一个比较精彩的寓言故事，在犹太商界广为流传。人的一生也就像上帝所安排的那样，人先是好好地活了 20 年属于自己的舒服日子，接着成家立业后，就如同驴子驮重物般地背着家庭包袱拼命地工作；然后像狗一样，守护着他的孩子，吃着他们的残食剩饭；当人老的时候，他活得就又如猴子一般，扮演小丑去逗他们的子孙。人的贪欲造就人类颇为滑稽的一生，或许受这则故事的启示，犹太商人在做生意时，总能做到适可而止。

狗与猫

一户农家养了一条狗与一只猫。狗是勤快的，每天，当主人家中无人时，狗便竖起两只耳朵，虎视眈眈地巡视在主人家的周围，哪怕有一点点的动静，狗也要狂吠着疾奔过去，兢兢业业地为主人做着看家护院的工作。

每当主人家有人时，它的精神便稍稍放松了，有时还会伏地沉睡。于是，主人家每一个人的眼里，这只狗都是懒惰的，极不称职的，便经常不喂饱它，更别提奖赏它好吃的东西了。

猫是懒惰的，每当家中无人时，便伏地大睡，哪怕三五成群的老鼠在主人家中肆虐，这只猫也不予理睬。它睡好了，就到处散散步，活动活动身子骨。等主人家中有人时，它的精神也养好了，这儿瞅瞅那儿望望，时不时地，它还要去给主人舔舔脚、逗逗趣。在主人的眼中，这无疑是一只极勤快极尽职的猫，好吃的自然给了它。

由于猫的懒惰，主人家的耗子越来越多。终于有一天，耗子将主人家最值钱的家当咬坏了，主人大怒。他召集家人说：“你们看看，我们家的猫这样勤快，耗子还猖狂到这种地步，我认为一个重要的原因就是那只懒狗，它整天睡觉也不帮猫捉几只耗子。我郑重宣布，将狗赶出家门，再养一只猫，大家意见如何？”

家人纷纷附和说：“这只狗是够懒的，每天只知道睡觉；你看猫，每天多勤快，抓耗子吃得多胖，都有些走不动了。是该将狗赶走，再养一只

猫。”

于是，狗被赶出了家门。它一步三回头，自始至终也搞不明白自己被赶走的原因。

旁敲侧击

现实中，善说且善做者最好，但为数确实不多。一般情况下，善说的，往往不善做；善做的，往往不善说。说得多的，不一定付出的多；说得少的，不一定付出的少。付出多的，不一定收获多；付出少的，不一定收获少。究其原因，应当归咎于“伯乐”们的失误，他们往往注意表面多，深入实际少；注重私情多，公正评价少；在评比中，则是“相马”多，“赛马”少。

小与大

一头吃饱喝足的大象正在睡觉。突然，它感到身上痒痒的，好像有什么东西在它的躯体上行走。大象的美梦被打搅了，睁开惺忪的眼睛，瞅见一只老鼠惊慌地从它身上窜过，不禁勃然大怒，大吼一声，伸出长鼻子就要打死小老鼠。

老鼠哆哆嗦嗦地哀求道：“尊敬的大象先生，求您饶了我吧！我实在是无心之过啊，或许有一天我会报答您的大恩大德呢！”

大象听了老鼠的话，情不自禁地哈哈大笑，对老鼠吼道：“那我就暂且饶你一命。记住这次教训，尽管你是永远不可能帮助我的！”

老鼠谢了大象后，一溜烟地逃走了。

过了好长时间，大象早就把老鼠的事忘得一干二净，确切地说，它压根没把这事儿放在心里。

一天，大象不小心被猎人们抓住了。猎人们用粗绳子把大象的四只脚紧紧绑住，但是实在太重，光靠几个人根本抬不动。于是，他们返回村去叫人。

这一幕恰巧被四处觅食的老鼠看到了，于是，它决定救大象。

"你从前曾放过我一次，我说过会报答你的。"老鼠对大象说，"我现在就履行我的诺言，让你重获自由。"

"你能使我恢复自由？"大象诧异地问，"这怎么可能呢？"

"你就等着瞧吧！"老鼠回答。

说罢，老鼠开始用它的利齿啃咬捆着大象的粗绳。最终，绳子一根一根被老鼠咬断了。

大象获救了。

"真是谢谢您啊！"大象激动地对老鼠说。

"我会报答你的，我曾对你保证过，我现在履行了自己的诺言。"老鼠平静地说道，"想当初，你压根儿不相信，你嘲笑我，在你眼中，我——一个弱小的老鼠不可能会帮助你。但事实证明，我做到了。"

旁敲侧击

大象的一次无心善举，竟使自己逃脱了一次灭顶之灾，这是它万万想不到的。你对我有情，我就会对你有意，聪明的人都会多做善举。在这个世界上，谁都有需要帮助的时候，无论它看起来是多么的强大。

认识自我

早晨，一只山羊在栅栏外徘徊，想吃栅栏里面的白菜，可是它进不去。

这时，太阳东升斜照大地，在不经意中，山羊看见了自己的影子，它的影子拖得很长很长。"我如此高大，定能吃到树上的果子，吃不吃这白

菜又有什么关系呢？”它对自己说。

远处，有一大片果园，园子里的果树上结满了五颜六色的果子。

于是，它朝着那片园子奔去。

到达果园，已是正午，太阳当顶。此时，山羊的影子变成了很小的一团。“唉，原来我是这么矮小，是吃不到树上的果子的，还是回去吃白菜的好！”于是，它不悦地折身往回跑。

跑到栅栏外时，太阳已经偏西，它的影子重新又变得很长很长。

“我干嘛非要回来呢？”山羊很懊恼，“凭我这么大的个子，吃树上的果子是一点问题也没有的！”

旁敲侧击

在制定目标时，一定要在认清自己的基础上，制定切实可行的目标，不能凌驾于自身的能力之上。如果目标不是建立在对自己能力尽可能正确估计的基础上，那么目标是很难实现的。

诱惑

小鱼问大鱼道：“妈妈，我的朋友告诉我，钓钩上的东西是最美的，可是就是有一点儿危险。要怎样才能尝到这种美味而又保证安全呢？”

“我的孩子，”大鱼说，“这两者是不能并存的，最安全的办法就是绝对不去吃它。”

“可是它们说，那是最便宜的，因为它不需要任何代价。”小鱼说。

“这可完全错了，”大鱼说，“最便宜的很可能恰好是最贵的，因为它让你付出的代价是整个生命。你知道吗，它里面裹着一只钓钩。”

“要判断里面有没有钓钩，必须掌握什么原则呢？”小鱼又问。

“那原则其实你都说了。”大鱼说，“一种东西，味道最美，又最便宜，似乎不用付出任何代价，钓钩很可能就在里面。”

旁敲侧击

不要相信天上会掉馅饼，不要相信不用付出任何代价就能如愿以偿。生活中有很多诱惑，把持不住自己的人，迟早会掉入别人设计好的陷阱。

谁被谁耍了

动物园里，大人指着笼子里的猴子，对小孩说："你知道这种动物叫什么名字吗？"

"不知道。"小孩看着上蹿下跳的猴子回答。

"记住，孩子，"大人说，"这种动物叫猴，是专门供咱们人类开心的。"

"何以见得呢？"小孩问。

"不信你瞧——"大人说着，从提包中摸出一颗花生，朝笼子里的大猴背后扔去，只见大猴急转身，略一迟疑，却用嘴接住，然后再用爪子从嘴里取出来，剥开吃掉，显得很滑稽。

小孩笑起来，说："真有意思！"

大人也被大猴的举动逗得很开心，便来了兴致，又将另一颗花生扔进去，还是扔向大猴身后的地方，大猴故技重演，转身，跳起来用嘴接住，用爪子取出剥开，放进嘴里。

大人受了鼓舞，便不断地扔，大猴便不断地这样接，接住吃掉，或给身边的小猴。

直到一大包花生全部扔完了，大人和小孩才恋恋不舍地离开。

路上，小孩问大人："你为什么将花生扔到大猴的背后呢？"

大人得意地笑了，说："猴子翻来覆去地来回折腾才有意思啊？"

小孩信服地说："爸爸你真行！"

大人又说："猴子这种动物自以为挺聪明，其实被咱们耍了，它还不

知道呢，真可悲！”

动物园里，大猴指着笼子外的人，对小猴说：“你知道这种动物叫什么名字吗？

“不知道。”小猴望着指手画脚的人回答。

“记住，孩子，”大猴说，“这种动物叫人，是专门供咱们猴子开心的。”

“何以见得呢？”小猴问。

“不信你瞧——”这时，适逢有个大人往笼子里扔花生，扔向大猴背后，大猴急转身，略一思忖，用嘴去接住，然后再用爪子从嘴里取出，剥开吃掉，显得很滑稽。终于，那大人的一大包花生全部扔给了猴子。

他们走后，小猴问大猴：“你为什么用嘴去接扔进来的花生？”

大猴得意地笑了，说：“如果我用爪子去接，他们还会继续扔吗？”

小猴信服地说：“妈妈你真行。”

大猴又说：“人这种动物自以为挺聪明，其实被咱耍了，他们还不知道呢，真可悲！”

旁敲侧击

犹太民族是世界上公认的智商最高的民族，但他们自己从不认为自己比别人聪明。因为他们知道，聪明过了头，就变成了愚蠢。

致命的友谊

一个人在山路上捡到一只幼小的狮子，便抱回家喂养。他把狮子照顾得无微不至，给它喂以精美的食物，给它梳毛，给它洗澡。狮子对他也亲密无间，扒他的肩膀，舔他的手脚，陪他散步，和他戏耍。狮子在他的怀中渐渐长大，长成一只威猛的雄狮，也温顺得如一条家狗。

有一天他忽发奇想——骑着狮子旅游。于是他骑上了狮子，踏上了旅程。一路上狮子很听话，平稳地驮着他。所到之处人们对他夹道喝彩，他更神气了。

路上有人问他："狮子不会吃你吗?"他回答说："那怎么可能呢!"

路上有条狗问狮子："你怎么不吃他?"狮子说："那怎么可能呢!"

一天他们要穿过一片沙漠，路上遇到了风沙，水和食物都被卷走了。他在痛心之时还去安慰狮子："朋友忍着点，等过了沙漠，我让你饱吃一顿。"并跳下来步行。一日过去了，狮子饿得围着他打转；两日过去了，狮子饿得舔他的手脚；三日过去了，狮子对他进行轻轻的撕咬；四日过去了，狮子向他龇起了牙齿；第五日，饥饿的狮子向他瞪起了血红的眼睛，在他正要上前抚摸它时，狮子奋力一纵将他扑倒，瞬间把他撕成碎片。

至死他都不明白，狮子怎么会吃了自己呢?

旁敲侧去

温室中培养的友谊，怎么能经得起暴风雨的考验?

风险与机遇

一个农夫住在森林的边缘，他有一所宏伟的住宅，院子很大，四周还有一道高高的围墙。

有一天，农夫家的院子里突然窜进了一头狮子，农夫见了，十分高兴，赶快关上院子的大门，因为他想活捉狮子。

狮子在围墙里跑来跑去，怎么也找不到出口，气得暴跳如雷，向羊圈吼叫着冲去。结果，一群羊全被咬死。接着，狮子仿佛还不解气似的，又跑到牛栏，扑向一头奶牛……

农夫慌忙躲进屋子里，目睹院子里所发生的一切，吓得魂飞魄散，慌忙叫人去拉开院子的大门放狮子出去。

狮子终于跑走了，但院子里却惨不忍睹。

农夫抱着头，独自蹲在院子里，长吁短叹感慨不已。他轻轻地自言自语道："唉，我也真是的，怎么会心血来潮，妄想将一只平时远远看到就会吓得转身逃命的野兽关起来呢！"

旁敲侧击

在院子里抓住一头狮子是很诱人的想法，因为这样的机会并不多，然而问题是，狮子毕竟不是一只小狗小猫，它带来莫大诱惑的同时，也带来了很大的危险性。在企业管理中，很多人都会碰到类似于"送上门的狮子"这样的机遇，作为一个决策者，你必须明确的是，如果没有胜算，就千万不要贪婪，灭顶之灾都是源于草率的决定。

绩效考核的标准

森林里的动物们准备进行选美大赛，很多动物都报名参赛，吵吵嚷嚷好不热闹。由猫头鹰、麻雀、老鹰、蚂蚁、棕熊组成的评委会，开始安排赛前的准备工作。这时，森林之王——狮子召集动物评委们，讨论如何组织这次选美比赛。

狮子说："要选美了，咱们首先要制定出选美的标准——什么是美。棕熊，先谈谈你的看法。"

棕熊说："这个问题我已经想了很久了，选美是一件重要的事情，必须慎重。我们评选的标准首先应该是身体健壮。身体健壮才是美，就像我们熊的家族，个个都是动物界的大力士，我们有一种力量美。"

麻雀说："我不同意棕熊的看法。美丽的动物一定要有漂亮的外表，比如我们鸟类家族中的孔雀，她的羽毛多美丽，气质多优雅呀！"

老鹰说："你们说的都不对，最美丽的动物应该是有一双锐利的眼睛，那才叫迷人。我们鹰的眼睛是最锐利的。"

蚂蚁说："我不同意你们的看法，内在的美，才是最美。我们昆虫世界里的蜜蜂，天天不辞辛劳地工作，那才叫美丽呢。"

猫头鹰说："你们的理解都有偏差，最美丽的动物应该是对森林最有贡献的动物。比如说啄木鸟，天天忙着捉虫子，没有它们的努力，森林里就会到处是虫子，我们生活的环境就会很糟糕。"

评委们你一言我一语，各执己见，争论不休。

狮子看大家争了半天也没有个统一的意见，就说道："我看大家对美的认识各有看法。咱们能不能综合一下，把选美的标准定为：要有熊一样的力量、孔雀般漂亮的外表、鹰一样锐利的眼睛、像蜜蜂那样勤勤恳恳，还要有啄木鸟的奉献精神。按照这样的标准来评选，一定能选出最美的动物。"

狮子说完后，动物们面面相觑，不知道说什么好。

旁敲侧击

企业在进行员工绩效考核时，也常常会碰到"绩效考核的标准是什么"，其实这与动物选美是一样的道理。绩效最终讲的是结果，但是如果没有一个明确的标准，就很难公平地评估员工的业绩。因此，企业要提倡什么，赞扬什么，都要有一个明确的考核标准，否则就很难进行有效的考评。

井中的驴

农夫家的驴子不小心掉进一口枯井中，农夫绞尽脑汁设法救驴，但一天过去了，驴子还在井里痛苦地大叫，叫声很凄惨，像哭泣。

没办法，这位农夫决定放弃。但他想，这头驴子年纪已大，不值得大费周折去把它救出来，不过无论如何，这口井还是得填起来。于是农夫便请来左邻右舍帮忙一起将井中的驴子埋了，以免除老驴的痛苦。

在邻居们的帮忙下，很快就拉来了几车土，他们每人一把铲子，开始将泥土填入枯井中。

土铲进去了好多，但出人意料的是，这头驴子没有人们想像中的那样哀嚎，相反，它在里面安静极了，根本没有什么声响。

快填满了，里面还是很安静，人们估计老驴已死。又填了一会儿，里面隐约有点动静，农夫好奇地探头往井底一看，眼前的情景让他大吃一惊。

他看见，当铲进井里的泥土落在驴子的背部时，驴子就快速地将泥土抖落在一旁，然后站到铲进的泥土堆上面。就这样，驴子将大家铲倒在它身上的泥土全数抖落在井底，然后再站上去。

就这样，又过了一会，这只老驴就得意地升到了井口，然后在众人惊讶的表情中跃出了井台。

旁敲侧击

如果你总是以悲观的心态面对这个世界，那么任何事情都会向不利的方向发展；反之，如果你以积极的心态笑看人生，那么即使是在最惨痛的失败中，也定会有绝处逢生的机会。记住：有时“山重水复疑无路”之时，恰是“柳暗花明又一村”之际。

潜能

一个人捉到一只幼鹰，他把幼鹰带回家，养在鸡笼里。这只幼鹰和鸡一起啄食、散步、嬉闹和休息，它以为自己是一只鸡。

这只鹰渐渐长大，羽翼丰满了，主人想把它变成猎鹰，可是由于终日和鸡厮混在一起，它已经变得和鸡完全一样，根本没有飞的愿望了。主人试了各种办法，都毫无效果。

最后，主人听了一个猎户的建议，把它带到山崖上，一把将它扔了出去。这只鹰像块石头似的，直掉下去，慌乱之中的求生本能促使它拼命地扑打翅膀，就这样它居然飞了起来！这时，它终于认识到生命的力量，这才成为一只真正的鹰。

旁敲侧击

不要为心灵上锁，不要为能力设限。鹰变成鸡，并非它已丧失了飞的能力，而是由于长期的安逸生活使它变得麻木了、习惯了，最可悲的是“我是鸡”的观念已经罩在了它的潜意识里，罩在了心灵上，飞的欲望和潜能被自己扼杀。

离家出走的狗

某天，一户人家的小花狗忽然不见了，于是马上报警。

一周后，小花狗被人送到警察局，警察立刻通知了这家人。在等待主人到来的空隙，警察发现这只小花狗没有一点欢喜的神情，反而悲伤地流泪了。

警察相当好奇：“你应该高兴才对啊，怎么流泪了呢？”

小花狗回答：“警察先生啊，你有所不知，我是离家出走的啊！”

警察很吃惊：“你家主人虐待你了？”

小花狗悲伤地说：“我在主人家已经待了好多年，从一开始就负责家人的安全，一直很尽忠职守地执行我的职责。当然主人也夸奖我的业绩，平时见到我会摸摸我、拍拍我，常会带我出去散步。那种保卫一家人的成就感，那种受重视、受疼爱的感觉，让我更加提醒自己，好好保护这一家人。直到有一天……”

“怎么样？”警察追问道。

“有一天家里装上了防盗门，从此我失业了，看门不再是我的职责，家人也不需要我保护了。整天无所事事，对家庭一点用都没有，虽然主人

还是一样地饲养我，但是我实在受不了这种受冷落的感觉，所以才会离家出走，宁愿过流浪的日子。”

旁敲侧击

在现实生活中，很多老总以为自己已经给了属下丰厚的薪水，他们就没有理由再有任何埋怨了。其实，金钱对于员工的激励是有限度的，并不能持久地起到作用，因为人们更渴望实现自我价值。当员工们工作热情下降、业绩不佳时，不要以为光靠高工资就能够摆平，而要知道他们的所需，有针对性地给予鼓励。就像故事中的这只小花狗，它并不会因为每天有吃有喝就放弃了对保护家人安全的责任感和成就感的向往。另外，属下也不会因为获得了丰厚的回报就减弱了自己对荣誉感、成就感的追求。

标签的力量

一天，一只狮子醒来，愤怒地团团转，吼声响彻四方，凶猛威严。有个野兽和它开了个玩笑：在它的尾巴上挂了一张标签。上面写着“驴”，旁边注有编号、日期，再加盖上一个圆圆的公章，旁边还有个签名……

狮子很恼火想马上撕去标签。可它又想？这号码，这公章，肯定有些来历！撕去标签？免不了要把责任承担！

狮子决定合法地摘去标签，它满怀一肚子气愤来到野兽中间。

“我是不是狮子？”它激动地质问。

“你是狮子！”狐狸慢条斯理地回答，“但依照动物的法律，我看你是一头驴！”

“怎么会是驴？我从来不吃干草！我是不是狮子，问问袋鼠就知道。”

“你的外表，无疑有狮子的特征，”袋鼠说，“可具体特征我又说不清！”

“蠢驴！你怎么不吭声？”狮子心慌意乱开始吼叫，“难道我会像你，畜牲！我从不在牲口棚里睡觉！”

驴子想了片刻，说出了它的见解：“你倒不是驴，可也不再是狮子！”

狮子徒劳地追问，低三下四，它求狼作证，又向豺狗解释。同情狮子的，当然不是没有，可谁也不敢把那张标签撕去。

憔悴的狮子变了样子：为这个让路，给那个闪道。一天早晨，从狮子洞里竟传出了“呃啊”的驴叫声。

旁敲侧击

标签的力量是十分强大的。在现实社会中，或许一个装茶水的瓶子，只要贴上著名的商标，就会变成身价不菲的珍品；而一个品行恶劣的人物，只要镀上一层光环，就很有可能被某些人奉为天使。

奖赏

一个渔夫看到船边有一条蛇，口中正衔着一只青蛙。看到垂死挣扎的青蛙，渔夫觉得它很可怜，便动了恻隐之心，把青蛙从蛇的口中救了出来。但随后，渔夫又开始为那条蛇将要挨饿而感到难过。因为没有什么吃的东西，他便拿出一瓶酒往蛇的口中滴了几滴。

蛇喝了酒后高兴地游走了，青蛙也为重获新生而高兴，渔夫则为自己的善举而感到快乐。渔夫认为这是一个皆大欢喜的结果。

但没多久，渔夫就听到有东西在叩击他的船板。他低头一看，几乎不敢相信自己的眼睛，他看见那条蛇又回来了，而且嘴里咬着两只青蛙——它在等待渔夫给予酒的奖赏！

我们都知道，渔夫的本意是希望蛇不要再去捉青蛙，但结果事与愿违。

旁敲侧击

领导者奖励什么样的行为，就会得到什么样的结果，这是犹太人在管理企业过程中总结出来一种真知灼见。不难看出，对于一个集体来说，要想减少错误行为的发生，就必须修改不合理的奖励制度，对那些错误的行为要加以严厉的惩罚。但在现实中，很多时候，当你希望改变人们的行为时，与其停留在希望和要求上，不如对那些正确的行为给以积极的、明明白白的奖励更有效果。

自知之明

一只狮子三天没有进食了，在一个山坡上，它看到一头肥壮的公牛在吃草。

“要是公牛没有角就好了，那我可以轻而易举地将它制服。可它长了角，身体又如此强壮，要是硬碰硬，它的双角肯定会刺穿我的胸膛。”身子瘦弱、疲乏无比的狮子想。

狮子只得智取，不敢硬攻。它慢慢地走到公牛身边，非常友好地说：

“我真羡慕你啊，公牛先生。你的头是那么的漂亮！肩是那么的宽阔！腿和蹄又都充满了力量！可是，美中不足就是有两只角，我真搞不明白你怎么受得了这两只角，它让你英俊的外貌受到了极大的损害。难道你不知道吗？”

公牛说：“我还真没好好想过这个问题呢。不过，经你这么一提，我倒真觉得这两只角有点碍事了。对了，我真的很英俊吗？”

狮子说：“我说的都是真话，你其实很英俊的，假如没有那两只角的话。否则就很难说了，虽然我认为你是英俊的，但其他动物就不一定这么想了。”

狮子说完就走了，躲在树后面看着。公牛等到狮子走远了，就把自己的脑袋往石头上猛撞。一只角先撞碎了，接着另一只角也碎了，公牛的头很快就变得平整光秃了。

狮子见公牛已自毁双角，就大吼一声，跳出来大声道：“现在我可不怕你了！多谢你把两只角都搞掉了，我先前没有攻击你，正是这两只角妨碍了我啊！”

旁敲侧击

狮子在这个故事中无疑扮演了一个狡猾的角色，公牛则是愚蠢的受害者。其实，我们大可不必责怪狮子，在竞争激烈的现实社会中，为了生存，手段可以选择，结果才是最重要的。

关键时刻

一天，狮子想知道上帝让它主宰的是哪些动物种群。于是，它就向各地发出一纸盖有自己大印的通知，说要召见属下各个种群的代表。通知上写着大王要召开一个月的御前会议，会议开幕之日将举办一个盛大的宴会，宴会后还可观赏猴子大耍把戏。

狮子想要通过大摆这个排场，向它的部属们显示一下它的威风。

代表们到达后，狮子邀请大家进入它的王宫。

那叫什么王宫！纯粹是一个藏尸间！里面尸臭弥漫，直冲大伙的鼻孔。熊立即用掌捂住自己的鼻子，以此掩饰自己难看的脸色。它的这一举动立即引起了狮子的不悦：兽王一怒之下，把熊打发到魔鬼那里，彻底让熊丧了命。

猴子非常赞成狮王采取的这一严厉措施，作为一个十足的马屁精，它不但恭维狮子生气生得好，还夸赞狮子的爪子、住的洞穴以及弥漫的臭

味。说那尸臭既不是龙涎香，也不是花香，不过是一种大蒜味。

岂料，猴子愚蠢的阿谀奉承也弄巧成拙，结果适得其反：它也遭到了狮子的惩处，得到了与熊同样的下场。

狐狸就站在狮子的身旁，于是狮子就问狐狸：“喂，告诉我，你感觉这味道怎么样？你要实话实说。”

狐狸立即请求狮子原谅它，它说它得了重感冒——今天自己的鼻子没有嗅觉。最后，狐狸脱险了。

旁敲侧击

假如你要讨上司的喜欢，最好是既不要做马屁精，也不要说大实话。随机应变才是良策。

走出来的脚印

一头年老体弱的狮子，无力自行觅食，只好躺在洞穴中，呼吸困难，说话有气无力，一副病入膏肓的样子。

这个消息很快在兽群中传开了，大家都为病狮哀伤不已，它们一个接一个地来探望狮子。狮子就待在自己的洞穴中，轻而易举地把探望者一个个捉住吃掉。

狐狸对这件事有些怀疑，最后也去看个究竟。它站在远离洞口的地方向万兽之王问好。

狮子说：“亲爱的朋友啊！你为什么站得那么远呀？来，靠近我，陪我这可怜的老狮子说几句话吧，我快不行了。”

“愿上帝保佑你！”狐狸说，“我不能再走近你了，因为我看到洞口都是走进去的动物的脚印，而没有看到走出来的脚印！”

旁敲侧击

《塔木德》这样教导犹太人：怀疑和警惕是最好的自我保护武器。在尔虞我诈的商海里，到处充满着诱惑，永远没有绝对的安全，要想不被欺骗，就要随时运用自己的智慧，在做决定之前先看一看有没有“走出来的脚印”再行动。否则，莽撞行事，就只会落入“狮子”的圈套。

过自己的生活

从前，城里老鼠很有礼貌地邀请乡下老鼠吃饭，请的都是残剩的山珍海味。

它们在一块土耳其地毯上摆起了餐具，谁都可以想像两个好朋友将会度过怎样的一天。

席上佳肴果然名不虚传，该有的一点不缺。可是，正当它们吃得高兴之际，一个不速之客搅了它们的饭局。

它们听到从餐厅门外传来了一种声响，城里老鼠立即拔腿就跑，乡下老鼠也跟着出逃。

门外的响动一消失，城里老鼠又返回餐厅，乡下老鼠也跟着返回。

城里老鼠对乡下老鼠说：“我们把烤肉全吃完吧。”

“够了！”乡下老鼠说，“明天我请你上我家吃饭。不是我不满意你款待的饭菜，而是在我那里绝对不会有任何人打断我们进餐，我们可以从容不迫地吃饭。再见吧，担惊受怕实在败人胃口！”

旁敲侧击

与其表面风光过一种担惊受怕看人脸色的日子，不如简单朴实在从容不迫自由自在的环境里生活。实际上，很多人都过着像城里老鼠一样的生活。

突破思维定势

小象出生在马戏团里，它的父母都是马戏团中的老演员了。

小象特别淘气，总是到处乱跑。工作人员在它的腿上拴上一条细铁链，另一头系在铁栏杆上。小象对这根铁链很不习惯，它用力去挣，挣不脱，无奈的它只好在铁链控制的范围内活动。

过了一段时间，小象又试着想挣脱铁链，可还是挣不开，小象只好闷闷不乐地老实下来。一次又一次，小象都挣不脱那根铁链。渐渐地，小象不再去尝试了，它习惯了链子。看看父母也是一样，小象就更心安理得了，一切都是那么自然，好像世界本来应该就是这个样子的。

很快地，小象一天天地长大了。这个时候，以它的力气，挣断那根小铁链简直不费吹灰之力，可是它从未想过要这样做。它认为那根链子对它来说，牢不可破，这个强烈的心理暗示早已深深地植入它的记忆中了。

旁敲侧击

不要给自己的心灵任何负面的暗示。在通向成功的道路上，会不可避免地遇到很多障碍，由于自身条件的限制，有些障碍我们可能一时还无法跨越，但这并不表明它是永远不可逾越的，随着自身能力的提高以及外部环境的变化，当初做不到的事情并不代表以后永远都做不到。

换一换

两只老虎，一只生活在笼子里，一只生活在野地里。

在笼子里的老虎三餐无忧，在外面的老虎自由自在。两只老虎经常进行亲切的交谈。

笼子里的老虎总是羡慕外面老虎的自由，外面的老虎却羡慕笼子里的老虎安逸。一日，一只老虎对另一只老虎说："咱们换一换。"另一只老虎同意了。

于是，笼子里的老虎走进了大自然，野地里的老虎走进了笼子里。从笼子里走出来的老虎高高兴兴，在旷野里拼命地奔跑；走进笼子里的老虎也十分快乐，他再不用为食物而发愁。

但不久，两只老虎都死了。

一只是饥饿而死，一只是忧郁而死。从笼子中走出的老虎获得了自由，却没有同时获得捕食的本领；走进笼子的老虎获得了安逸，却没有获得在狭小空间生活的心境。

旁敲侧击

很多时候，人们往往对自己拥有的幸福熟视无睹，而觉得别人的幸福光彩夺目。却不知，别人的幸福也许对自己并不适合；更不知，别人的幸福也许正是自己的坟墓。记住：不要盲目地去艳羡别人，因为，你之所有，亦是别人所羡。

老鼠开会

老鼠们吃尽了猫的苦头，就召开了全体老鼠大会，号召大家贡献智慧，商量对付猫的万全之策，争取一劳永逸地解决事关大家生死存亡的大问题。

老鼠们冥思苦想，果然奇招迭出。老鼠们有的提议培养猫吃鱼、吃鸡的新习惯，有的建议加紧研制毒猫药……

最好的一个办法是一只老奸巨猾的老老鼠想出的，这让大家佩服得五体投地，连呼高明。这个妙主意就是给猫的脖子上挂上个铃铛，只要猫一动，就发出响声，大家事先得到警报，就躲起来。

决议理所当然地被全票通过，但是谁去给猫的脖子上挂铃铛呢？老鼠们想尽了办法，比如：高薪奖励、送房子、送汽车、送美女、颁发荣誉证书等，但无论什么高招，都无法将这一决策执行下去。至今，老鼠们还在争论不休，也经常举行会议……

旁敲侧击

犹太人认为，一项计划不管在理论上多么合理，如果不能执行也是枉然。所以，在制定一项计划时，重要的是能否执行，而不是在理论上有多英明，从实际执行能力出发是永远的真理。否则就会如老鼠的妙计，即使主意从理论上来讲完美无缺，但无“人”能完成又有什么意义呢？

方向

两只蚂蚁想翻越一堵墙寻找食物。

一只蚂蚁来到墙脚就毫不犹豫地向上爬去，当它爬到一半时，就会因为体力不支而跌下来。可是它并没有放弃，一次次跌下来，又一次次地爬上。

另一只蚂蚁则没有马上爬墙。它先是观察了一下墙的四周，然后很顺利地找到了一个空隙爬过去。

当后者过墙找到食物开始享受时，前者还在不停地重复着它的跌落与爬起。

旁敲侧击

这个故事是简单的，但带给我们的启示却是深刻的。很多时候，如果可以绕墙而过的话，又何必非要翻越高墙呢？

自由与美食

一匹可怜的狼，饿得只剩皮包骨了。一天，狼遇到了一条由于不小心而迷了路的狗。狗毛色光亮，强壮而且漂亮。狼当然很想冲上去袭击这条狗，再把它撕成碎片，但这样就必须进行一场恶斗，而这条狗很强壮，肯定会进行猛烈的抵抗。于是，狼就恭敬地上前与狗攀谈起来，称赞狗长得很福相，说自己很羡慕它。

狗回答狼说："我的狼老爷，你要和我长得一样强壮并不难，这取决于你自己。离开树林吧！你的生活会好起来的。你的那些同类多么凄惨啊，住在树林里，像一无所有的穷鬼，像乞丐，活活饿死是它们的未来命运。这是为什么呢？因为它们毫无保障，从来得不到免费的美餐，一切都是靠武力夺取。而你的命运会好起来的，只要你跟着我走。"

"那我该怎么做呢？"狼问道：

狗说："你几乎什么都不用干，你只要赶走要饭的人，奉承家里的人，讨主人的喜欢就行。这样你的报酬将会是各式各样的残羹剩饭，比如鸽子骨头啦，鸡骨头啦，当然还有许多次的抚摸。"

狼已经听得想入非非，想像着这种幸福，并感动得流出了眼泪。于是，就和狗一块上路了。在路上，狼看见狗脖子上的毛都掉光了，便问道：

"这是怎么回事？"

"没什么。"

"什么没什么？"

"这不值一提。"

"究竟是什么？"

"看到那个拴住我的项圈了吗？这就是你看到我没毛的原因。"

"拴住你？那你就不能自由自在地跑来跑去了？"狼问道。

"这有什么关系呢？"狗一副不以为然的样子。

"关系可太大了，你那些各式各样的美味佳肴，我一概不稀罕。即使给我珠宝，我也不愿意拿这个来交换。"

狼说完这些话，就一溜烟跑走了。

旁敲侧击

狼舍弃美食而选择自由，从一个侧面反映了一切生命有机体对自由的渴求。因此，对于一个管理者来说，给予员工适度的自由与权利，是十分必要的，任何尊重个人的权益以调动职工积极性、增强责任感和热情的方法，都是受欢迎的。很多时候，一些自以为比别人懂得多的管理者，对属下指手画脚，剥夺他们参与的权利与自由，也正是这种自以为是的心态，使企业失去了不少发展的良机，也失掉了人心。

大象的风景画

大象画了一幅风景画，在送去展览之前，想先请朋友们看一下。它想，要是这样就拿到外面展览，万一不好，那时可就丢脸了。

朋友们也愿意赏脸，都答应过来看看。画家大象自然十分高兴，但它的心中也不安：朋友们看了这幅画会不会喜欢？如果不满意，它们将会发出怎样的批评？如果它们提的意见很尖锐，该怎么办？"

朋友们来了，大象把画小心翼翼地展开。大家有的近看，有的远观，看得都很认真。

鳄鱼首先发言："我看画得不错！但遗憾的是，怎么没有尼罗河呢……"

山羊捋着长胡子，也发表了它的看法："画得美极了，真可谓是巧夺天工！不过我认为，如果要是能够再加上一片菜园子的话，就是锦上添花了。"

海豹是个急性子，它并没有什么过渡语，而是不满地直说道："没有尼罗河、菜园子还无所谓，但怎么可以没有雪呢？雪多美啊！没有雪也该有冰啊！"

田鼠觉得奇怪，说道："没有冰雪还可以理解，但没有稻田总有点说不过去吧！画家怎么忘掉了呢？"

接着，猪先"呼噜，呼噜"了两声，说道："画得不错啊！各位朋友，依我看，上面应该画些西瓜或者其他一些水果才更妙。"

……

大家的态度都很诚恳，建议也都很积极，所有意见大象都一一接受

了。它拿起画板重新动手，要用它的一支笔，满足所有朋友的要求，使大家个个满意。

于是，大象在画上添加了冰天雪地、尼罗河、菜园了、稻田、瓜地……外加画上一片青翠欲滴的竹子——要知道，熊猫先生虽然没抽出空来提意见，但作为老朋友，它总有一天会看到这幅画的……

最后，大象把这幅画改完了，请朋友们再到它家中观摩。朋友们瞧了瞧画，异口同声地说："这是什么画啊，乱七八糟的！"

旁敲侧击

朋友的建议当然很重要，但不能照单全收，并让这些建议左右自己的思想。自己的事情还得自己拿主意，如果仅仅为了迎合朋友的心意，而失去自己的主见，结果只会害了自己。

自信无敌

有一头小牛，胆小怕事，在动物世界中没有它不害怕的，从狮子老虎，到小狗小猫。于是，它成了受气包，谁都敢欺负它。

一天，小牛独自在野外啃着青草，突然间，一只老虎向它扑过来。小牛虽然吓得浑身发抖，但出于本能，它还是将自己小小的角转向了这个庞然大物。也许老虎太饿了，它在不小心撞上牛角后，竟然倒地不起。小牛惊呆了，它怎么也没想到会是这个结局。

消息一下子在动物世界传开了。大家都来到小牛身边，用敬佩的眼神看着它："能打败大老虎，真是个英雄。"小牛环顾周围的动物们，又壮起胆子看着躺倒在地的老虎，这才相信自己真的不简单。

从那以后，小牛对自己有了自信。

旁敲侧击

一位犹太哲学家这样说过：“自信来源于这样一种变换的角度，相信自己比别人更好！”的确，一分自信，一分成功；十分自信，十分成功；百分自信，百分成功。自信的人，使不可能成为可能，使可能成为现实；不自信的人，却只会使可能变为不可能。

躲避危险

在一片茂密的森林里住着一群动物。小兔子是它们中间的一个。因为长得特别漂亮，而且格外聪明伶俐，小兔子常常受到动物们的夸奖。

一天，它决定要外出。“你可要小心啊！”得知讯息的动物们纷纷前来规劝它，“你出行的路线必然要经过大灰狼居住的地方，那里——”

“没关系。我知道如何躲避危险。”小兔子充满自信地回答。

小兔子确实聪明伶俐。只见它小心翼翼地行进，时而竖起耳朵，时而停下脚步四处张望。超凡的机智使它避开了许多次大灰狼凌厉的攻势。前面就是目的地了，小兔子心花怒放。它长吁了一口气，总算放松下来。“马上就要到达安全地带了。”小白兔心想，于是便放松了警惕，不再竖起耳朵，也不再左顾右盼。

这时，一只悄悄蹑上来的大灰狼，从小兔子的身后扑上去。小兔子死了。

这个故事是悲凄的，因为小兔子认为自己躲过了大灰狼的数次攻击，它过于满足自己的这些“小成就”，以致招来了生命之祸。

旁敲侧击

"笑到最后，才笑得最好"，犹太人在经商时，常常用这句话来警示自己。在他们的看来，不获得最后的成功，如果有丝毫的松懈，得到的只能是功亏一篑的败局。

得意的红公鸡

草地上，有两只公鸡为争夺一条小虫子而怒冠相向。

"这条虫子归我，因为是我先发现的！"红公鸡说。

"不错，这条虫子是你先发现的，可你别忘了，它是我亲手抓住的。"花公鸡毫不示弱地说，"所以，它应该完全归我。"

"你抓住的又怎样，你擦亮眼睛看看，你惹得起我吗？我可是鸡王的三太子啊！"红公鸡说罢，啪地一声张开双翅，抖了抖头上血红的冠子，便准备扑过来教训花公鸡。

花公鸡也不是省油的灯，它松开爪子，把虫子放在一边，迎头向红公鸡啄去，只一下，便啄下了几根红公鸡平日引以为荣的漂亮的羽毛。

"哼，找死，竟敢在太岁头上动土！"红公鸡看着花公鸡嘴里衔着几根自己的羽毛，且头皮爆裂似的痛，禁不住恼羞成怒，它猛地一拍翅膀，像枝利箭似地射向花公鸡，在花公鸡还来不及反击时，它已用双爪紧紧地抓住了花公鸡的背部，整个身子压在花公鸡身上，花公鸡不堪负重，倒在地上，红公鸡趁机对它又啄又踢。

花公鸡彻底认输了，它不停地哀求，红公鸡才停下来，说："你这没出息的东西，滚到一边去吧！"说完，红公鸡又猛地用力一脚把花公鸡踢进草丛中去了。

红公鸡看着战利品和一地鸡毛，高兴地站在高处放声大唱，不想上面刚好有一只老鹰飞过，它听到鸡鸣之声，就俯冲下来，只轻轻一抓，红公鸡便成了它的俘虏。

花公鸡因失败而满面羞愧，不敢出头，躲在草丛中，避过了这场灾难。

旁敲侧击

没有永远的胜利者，也没有永远的失败者，很多时候，胜利过后不一定是辉煌，当你得意忘形之时，迎接你的则有可能是灭顶之灾。

精神鼓励

因为行动缓慢，乌龟先生常常受到动物们的嘲笑。尤其是得过几次长跑冠军的兔子，一见到乌龟，就要糟践它，说乌龟应该与蜗牛结为亲家，刚好配对……

这让乌龟很没面子，自感在其他动物面前抬不起头。背着沉重心理包袱的乌龟，行动愈发显得迟缓了。

一天傍晚，乌龟在海滩边独自哀叹。这时，一只上了年纪的螃蟹来它的身边，见乌龟一副无精打采的样子，就停下来关切地询问原因。

乌龟伤心地说："就因为我行动迟缓，每次与兔子赛跑时，都被它甩在后面，现在，只要它一见到我，就嘲笑我。"

"老弟，你也别太在意兔子的嘲笑了，我相信你，相信你总有一天能战胜兔子，你肯定是笑在最后的胜利者。"老螃蟹不停地鼓励着乌龟，为它打气加油。

乌龟相信了老螃蟹的话，从此以后，它卸掉思想上的包袱，在爬行时也总是不由自主地哼着小曲。

在后来的一次尽人皆知的比赛中，骄傲的兔子因知道乌龟行动迟缓，而放心地在大树下睡觉，等它一觉醒来时，乌龟已站在高高的领奖台上了。

当大家鼓掌为乌龟祝贺时，乌龟却把老螃蟹请到了领奖台上，并把奖牌挂在了老螃蟹的脖子上。面对大家的疑问，乌龟解释道："诸位，我现在把这个奖牌送给螃蟹先生，是因为如果没有它的鼓励，就没有我的今天！在此，我还要当着大家的面，向螃蟹先生表示深深的感谢！"说完，乌龟深深地向螃蟹鞠了一躬。

旁敲侧击

在很多时候，管理者给员工精神上的鼓励，往往要比给予他们物质上的奖励重要得多，特别是对于那些自信心不强的员工。因此，作为一个企业的管理者，不要吝啬你的鼓励和赞美，说出你对员工的肯定话语，这些都将在他们的心中燃起希望之火。

亮出自己的长处

有一只小老鼠咪咪，终日里闷闷不乐，它深感自己气质不佳，形象不好，本领又小，生活在动物世界的最底层，受尽了委屈。

看着到处巡逻的猫，小老鼠咪咪想，要是能够做只猫，该是多么威风的一件事啊。

于是，小老鼠来到佛祖面前，一再哀求恩典，将它变成一只猫。佛祖禁不住它的纠缠，就答应了它的要求。于是，小老鼠如愿以偿地变成了一只猫。

可是没过几天，又出现了新的问题——原来猫是怕狗的呀。小老鼠咪咪又去再三哀求佛祖，让自己变成一条狗。佛祖也答应了，于是，它又如愿以偿地变成了一条狗。

让小老鼠咪咪诧异的是，狗还怕狼呢，于是它又跑去乞求佛祖让自己变成了狼……

就这样，小老鼠一路请求一路变化，终于变成了森林之王——大象。

志得意满的咪咪昂首挺胸，在森林里漫步巡游，威风凛凛，动物们见了它都卑躬屈膝，咪咪心中别提有多高兴了。

但好景不长，咪咪又失落了——它万万没有料到，大象最怕的竟然是老鼠！这时它眼中最伟大的形象又变成了老鼠，于是小老鼠咪咪又跪倒在佛祖的面前……

旁敲侧击

犹太人认为，每个人都有别人无法比拟的优点和长处，尽管有时很不突出，甚至连自己也无法发现。但只要认识到了自己的长处，并把它充分发挥出来，就是别人无法比拟的创新和超越。

希望

骆驼妈妈领着一群小骆驼在渺无人烟的沙漠中跋涉，它们已在沙漠中走了好多天，因此都急切盼望着快点见到沙漠边缘那一抹绿色。

热辣辣的太阳把沙子晒得滚烫，而口干舌燥的骆驼们没有了水。

虽然骆驼是沙漠之舟，但如果长时间地缺水，它们依然会渴死。水是骆驼们穿越沙漠的信心和源泉，甚至是苦苦搜寻的求生目标。

这时，骆驼妈妈从背上解下一只水桶，对大家说："只剩这一桶水了，我们要等到最后一刻再喝，不然我们都会没命的。"

骆驼们继续着艰难的行程，那桶水成了它们惟一的希望，看着沉沉的水桶，每只骆驼心中都有了一种对生命的渴望。

但天气太炎热了，有的骆驼实在支撑不住了。

"妈妈，让我喝口水吧。"一只小骆驼乞求着。

"不行，这水要等到最艰难的时候才能喝，你现在还可以坚持一下。"骆驼妈妈生气地说。

就这样，骆驼妈妈坚决地回绝着一只只想喝水的小骆驼。

在一个大家再也难以支撑下去的黄昏，小骆驼们发现它们的妈妈不见了，只有那只水桶孤零零地立在前面的沙漠里，沙地上写着一行字：我不行了，你们带上这桶水走吧，要记住在走出沙漠之前，谁也不能喝这桶水，这是我最后的命令。

骆驼妈妈为了大家的生存，把仅有的一桶水留了下来，每只小骆驼都抑制着内心的巨大悲痛出发了。那只沉甸甸的水桶在骆驼背上轮流传递着，但谁也不舍得打开喝一口，因为它们明白这是骆驼妈妈用自己的生命换来的。

终于，骆驼们一步步挣脱了死亡线，顽强地穿越了茫茫沙漠。它们为能够活下来喜极而泣的时候，突然想到了骆驼妈妈留下的那桶水。

打开桶盖，里面盛着的却是一桶沙子。

旁敲侧击

犹太民族是一个善于背着希望上路的民族，在他们看来，希望是前进路上的一面高高飘扬的旗帜，能给人以无穷的力量和勇气，指引着人们去克服创业旅途中的千辛万苦。

永久的疤痕

在茂密的山林里，一位樵夫救了一只小熊，母熊对樵夫感激不尽。

有一天樵夫迷路了，遇见了母熊，母熊安排他住宿，还以丰盛的晚宴款待了他。

翌日清晨，樵夫对母熊说："你招待得很好，但我惟一不喜欢的地方就是你身上的那股臭味。”

母熊心里怏怏不乐，说：“作为补偿，你用刀砍我的头吧。”

樵夫按要求做了。

若干年后，樵夫遇到了母熊，他问：“你头上的伤口好了吗？”

母熊说：“痛了一阵子，伤口愈合后我就忘了。但那次你说过的话，我一辈子也忘不了。”

旁敲侧击

真正伤害人心的不是刀子，而是比刀子更厉害的东西——语言。在犹太人看来，一句抚慰人心的话，能够照亮你的心灵，甚至会影响一个人的生活态度；而一句伤人的话会在一个人的心上留下永久的疤痕。

第七章　生活幽默

犹太民族是一个热爱生活的民族，犹太商人是天底下最有生活智慧的商人。犹太人认为，生活中无论遭遇到何种困难，都要让自己享受生活的快乐。几乎所有的犹太先知们，都无一例外地鼓励人们从自己所拥有的一切资源中，寻找幸福美好的生活。探询犹太民族的生活智慧，有助于破译他们的经济神话。

打扰了

深夜时分，睡梦中的女主人，突然被电话铃吵醒了。电话里一个陌生的女人非常激动地说："我对我的丈夫忍无可忍了！"

"你打错了。"女主人有点生气地说道。

电话里的女人好像没听见似的，仍滔滔不绝地说下去：

"我一天到晚拉扯 3 个孩子，他还以为我在家享清福。有时我想出去散散心，他都不让，自己却彻夜不归，说是有应酬，谁相信他的鬼话！"

"很抱歉，"女主人打断她的话，"我不认识你。"

"你肯定不认识我！"她说，"这些话我会对朋友和认识我的人讲，而弄得满城风雨吗？现在我说了出来，心里舒服多了，打扰你了，再见！"说完，电话挂断了。

旁敲侧击

把苦恼埋藏于内心的想法是不明智的，在没有负面影响的前提下，要想办法宣泄出来。犹太人就是这样，当他们心里背负过重的压力和不快时，总会想方设法发泄出去，直到不影响自己工作为止。

苹果的搭配

利切恩斯坦是犹太人的后裔，虽然他遵守犹太教的教规和习俗，可是也时不时地走下教规习俗这驾马车，不怕麻烦、不嫌道远地去一家能供应烧烤乳猪的偏僻餐馆吃上一顿。他知道他不应该这么做，可是每年总有那么一两次，想吃这种烧烤的欲望总要征服他。

一天，他又感到忍不住，想吃这种禁食了。于是钻进自己的车里，开到30英里以外的一个小镇上。他想，在这里肯定不会遇到熟人。他走进一家餐馆，在菜单上找到了“烧烤乳猪”这道菜。有意思的是，乳猪的嘴里还得有个苹果才是整道菜。点定后坐着等待上菜。突然，他脸色发白，因为他看见拉比进了餐馆，发现了他，并向他的桌子走来。

“拉比，您在这附近干吗？”利切恩斯坦问道。

“我打这儿路过，正想喝点咖啡、吃点面包再继续赶路。”

正在这时，服务员端着烧烤乳猪走了过来，并把它放在利切恩斯坦面前，然后走了。协会主席眼睛盯着桌子上的这道菜，然后转向拉比：“这地方真是奇怪！我要了一个苹果，可您看看，他们给苹果搭配的是什么！”

旁敲侧击

大多数的犹太人都是忠实的犹太教徒，但这并不妨碍他们享受生活，他们总能想方设法为自己找到恰当的理由去破除自己的清规。引申到他们做生意上来，尽管他们在世界各地做生意都遵纪守法，但却总能找到他人找不到的法律漏洞，赚取他人赚不到的钱财。

事出有因

进入花甲之年的施劳特先生娶了一个年轻的太太。过了一年后，太太生了一个孩子。施劳特满腹狐疑地去请教拉比：“拉比，你说这可能吗？”

拉比说：“你听我给你讲这样一件事：有一个头戴草帽的旅行家，在一个原始森林里，突然遇到一只老虎！那人赶紧脱下帽子戴在老虎的头上，喝道：‘哎！’只见老虎应声倒地死了。”

"这可能吗?"

"那个旅行家背后有个手握猎枪的猎人，他就在那节骨眼上放了一枪。"

旁敲侧击

在世人看来，犹太民族是个善于创造奇迹的民族。其实，在他们看来，无论什么奇迹，都是事出有因的，如果不是你干的事情，那么就一定是别人干的。

还礼

一个拉比在旅途中，碰到一个不喜欢他的人。连续好几天，那个人都用尽各种方法诬蔑他。

最后，拉比转身问那人："若有人送你一份礼物，但你拒绝接受，那么这份礼物属于谁?"

那人答："属于原本送礼的那个人。"

拉比笑着说："没错，若我不接受你的谩骂，那你就是在骂你自己。"

那人摸摸脑袋，尴尬地走了。

旁敲侧击

只要保持健康的心态，任何人都影响不了你，更左右不了你。反之，如果你一味地在乎别人的想法或说法，就会失去自我，失去快乐，成为他人思想或言行的奴隶。

基辛格的衣服

基辛格当美国国务卿期间，一天他收到了一位崇拜者寄来的一件礼物。这是一匹质量很好的布料，很适合做一套男士服装。这个礼物的赠送者向基辛格提议，不论基辛格先生何时到伦敦，都可以把布料带到伦敦的一家裁缝店去，为自己定做一套衣服。

几个星期后，基辛格到达了伦敦。他把布料拿到牛津大街一家久负盛名的裁缝店。然而，打开布料后，这家店的裁缝告诉基辛格，他很抱歉，因为这匹布料不够给他裁一套衣服。基辛格很失望地拿着布走了。接下来他又访问了巴黎和罗马。这两个地方的裁缝同样这么告诉他。

几个月之后，基辛格访问以色列的特拉维夫市。他决定在那儿试试运气。他找的裁缝先生仔细量了量布，然后又仔细地量了量基辛格的尺寸，最后说："没问题，我们可以给您做出一套漂亮的衣服，一件夹克衫，一条裤子，一件马夹，而且还可能用剩下的布料再给您做条裤子。"基辛格十分震惊。他告诉这位以色列裁缝他在伦敦、巴黎和罗马的遭遇。这位老裁缝点了点头，随后温和地说："哦，我明白了，先生。不过，对我们以色列人来说，您并不是一个顶天立地的大人物，但对其他地方的人来说可能是。"

旁敲侧击

犹太人从不盲从权威，他们非常强调个性的独立。他们认为，每个人都要珍视自己、尊重自己，一个人也只有在珍视自己时，不人云亦云，才能产生个性，然后才能通过发挥自己的个性，施展自己的专长，以贡献社会。

电话号码

有一天，爱因斯坦的一位女友，打电话向他请教一个问题。在弄明白之后，她叫爱因斯坦记下她的电话号码，以便日后联系。

“我的电话号码很不好记。”

“说吧，我在听。”

爱因斯坦并没有用笔记录的准备。

“2－4－3－6－1。”女友说。

“这有什么难记的？”爱因斯坦说，“两打与十九的平方，我记住了。”

旁敲侧击

就摆弄数字而言，世界上还没有任何一个民族可以与犹太民族比肩。犹太人无论是在生活上，还是在经商上，都把自己对数字的天分转化成一种独特的优势，并因此获取了巨大的成功。

婚姻级数理论

一位婚姻问题专家受邀到一所家政学校去讲课，他走进教室，随手把携带的一叠图表挂在黑板上，并在黑板上写上一行字——婚姻的经营和创意。

专家开始讲课了。他说：“其实，在爱情和婚姻方面，是不存在老师和学生的。年轻人可能爱得如痴如醉，老年人也可以过得和睦美满。目前有关婚姻方面的理论很多，然而，真正适用于现实生活的却很少，因此，有很多人被搞糊涂了。我研究婚姻几十年，起初也认为婚姻是世界上最复杂的一门学问，后来我才发现根本不是这么回事。婚姻其实很简单，它只不过是一个数学概念而已。”说着，专家掀开挂图，上面有这样一行字：

成功的婚姻取决于两点：找一个好人；自己做一个好人。

“其实成功婚姻的秘诀全部在此，至于其他的秘诀，我认为如果不是江湖偏方，也至多是些老生常谈。”专家说。

不一会，一位30岁的女子站起来问：“如果这两条没有做到呢？”

专家翻开挂图的第二张，说：“那就变成四条了：在容忍中帮助，帮助不好仍然得容忍；使容忍变成一种习惯；在习惯中养成傻瓜的品性；遇事糊涂一点，把傻瓜永远做下去。”

专家刚把这四条念完，台下就喧哗起来，有的说不行，有的说这根本做不到。

“如果做不到这四条，那你就得做到以下16条，”专家翻开第三张图，念道，“不同时发脾气；除非有紧急事件，否则不要大声吼叫；争执时，设法让对方赢；当天的争执当天化解；争吵后回娘家或外出不要超过8小时；批评时的话要出于爱；随时准备认错道歉；谣言传来时，把它当成笑话；每月给他或她一晚自由的时间；不要带着气上床；他或她回家时，你一定要在家；对方不希望你打扰时，坚持不要去打扰；电话铃响的时候，让对方去接；口袋里有多少钱要随时报账；坚决消灭没有钱的日子；给你父母的钱一定要比给对方父母的钱少。”

专家念完，有些人笑了，有些人则叹起气来，更有甚者开始整理书包。

停了一会，专家说：“如果大家对这16条还是感到失望的话，那你只有做好下面的256条了，总之，两人相处的理论是一个级数理论，它总是在前面那个数字的基础上进行二次乘方。”

接着专家翻开挂图的第四页，这一页上的文字很密，小得像蚂蚁。专家说：“到这一步，婚姻就已经很危险了。”这时台下很喧哗。

在专家宣布下课时，教室里爆发出了雷鸣般的掌声，经久不息。

美满的婚姻都是有共性的，当你开始婚姻生活时，已不再是好发脾气任性的小姑娘了，遇事不要只想自己，随时准备做出让步；性生活是婚姻的基础，要设法改变不协调情况；要经常找出时间来两人独处，结婚后依然是情侣；幽默有特殊的意义，要学会在遇到麻烦时也开个玩笑；想出解决矛盾的办法，尽量要忍耐或不要对骂及动武；学会处理家庭危机，双方互相支持。

以上所言都是夫妇双方的必修功课，好好研习才能真正地使婚姻美满而幸福。

旁敲侧击

夫妇之间闹意见、吵嘴是常见的事，但要想让家庭和睦，就需要人们付出相当的容忍。在容忍中细心地去体谅对方，了解对方，明白一个人总免不了有缺点，既然相爱，那么就该因爱而容忍，因容忍而了解，因了解而宽恕。

真实看法

爱因斯坦很喜欢孩子，只要有机会，他总习惯蹲下身子逗他们一番。

一次，一位前来拜访爱因斯坦的年轻人，把自己不到一岁的儿子抱给这位伟大的科学家看。

爱因斯坦满心欢喜地把孩子抱在怀里，引逗起来。当孩子抬头看见爱因斯坦那张颇为怪异的脸时，忍不住失声啼哭了起来，这使年轻的父亲感到非常窘迫。

爱因斯坦丝毫没有生气，他慈祥地抚摸着孩子的头，风趣地说：“多少年来，你是第一个把对我的真实看法直接告诉我的人。”

旁敲侧击

犹太人的幽默不是一般的无聊取乐，也不仅仅是消遣，而是对生活的一种态度与回答。因而在犹太人的幽默里存在一种独特的智慧，它不仅仅是一种对生活的反省与感悟，还是一种能帮助他们缓解痛苦，有效地调节、娱乐身心的好办法。

别跟我来那一套

上小学的里勒，每次妈妈和情人约会时，就会把他关在橱子里头。

一天晚上，里勒的妈妈正在与情人约会，听见屋外传来丈夫的汽车声，就顺手也把情人关进橱子里。

在橱子里头，里勒说："这里头真暗。"

"是的。"这位男子回答。

"想不想买个棒球啊？"里勒问道。

"不，谢了。"男子回答说。

"我认为你会想要买个棒球的。"这个小勒索鬼接着说。

男子衡量了一下自己的处境之后，回答说："好吧！多少？"

"30块！"

"30块！"男子惊讶地重复了一次，不过他还是收敛了一下，以免被发现。

一个星期后，这位情人又来里勒的家，不久又听到丈夫车子的声音。里勒的妈妈又一样地把儿子和情人一起关在橱子里。

"这里头真暗！"里勒又开始了。

"对啊！"男子答道。

"想不想买个棒球套啊？"里勒问说。

男子知道自己占下风，就回答说：

“好吧！多少？”

“60 块！”里勒答道。就这样，交易轻松地完成了。

到了周末，里勒的父亲说：“嘿，儿子啊！去把你的棒球和球套拿来，咱们来玩接球。”

“我把那些东西都卖了。”里勒答说。

“你得了多少钱啊？”里勒的父亲心想，可能只是跟人家换了蜥蜴或糖果之类的东西。

“85 块！”里勒答道。

“85 块？太黑了吧！走，跟我到教堂去认罪告解。”父亲拉着里勒教训他说。

在教堂，里勒走进告解室，拉上帘子，坐定之后说：“这里头真暗！”

一个神父顺口回答说：“在这儿别想跟我来那一套！”

旁敲侧击

平时在教堂里威严的神父原来也有他生活中的另一面，这个世界并没有多少东西是绝对纯洁的。人不是神，任何人都会有过失，相信一个人如天使般纯洁与相信一个人如魔鬼般凶残都是错误的，但我们不能因此放弃对真善美的追求。

爱的比较

夜晚，月光如水。小兔子要上床睡觉了，它紧紧抓着大兔子的长耳朵，问大兔子：“猜猜我有多爱你？”

“这个嘛，我可猜不出来。”大兔子笑笑说。

“我爱你这么多。”小兔子把手臂张开，开得不能再开。

大兔子有双更长的手臂，它张开来一比，说：“可是，我爱你这么多。”

小兔子想：嗯，这真的很多。“我爱你，像我举的这么高，高得不能再高。”小兔子说，双臂用力往上撑举。

“我爱你，像我举的这么高，高得不能再高。”大兔子也说。

这真的很高，小兔子想：希望我的手臂也像大兔子一样。

小兔子又有个好主意，它将身体倒立起来，把脚顶在了树干上。

他说：“我爱你到我的脚趾头这么多。”

大兔子一把抓起小兔子的手，将它抛起来，飞得比自己的头还高，说：“我爱你到你的脚趾头这么多。”

小兔子笑了起来，说：“我爱你像我跳得那么高，高得不能再高。”它跳过来又跳过去。

大兔子笑着说：“可是，我爱你，像我跳得这么高，高得不能再高。”他往上一跳，耳朵都碰到树枝了。

跳得真高哇！小兔子想：真希望我也跳得像它一样高。

小兔子大叫：“我爱你一直到过了小路，在远远的河那边。”

大兔子说：“我爱你一直过了小河，越过山的那一边。”

小兔子想，那真的好远，它揉揉红红的两眼，开始困了，想不出来了。

它抬头看着树丛后面那一大片的黑夜，觉得再也没有任何东西比天空更远的了。

大兔子轻轻抱起频频打着哈欠的小兔子，小兔子闭上了眼睛，在入梦前，喃喃说：“我爱你，从这里一直到月亮。”

“噢！那么远，”大兔子说，“真的非常远、非常远。”

大兔子轻轻将小兔子放到叶子铺成的床上，低下头来，亲亲它，祝它晚安。然后，大兔子躺在小兔子的旁边，微笑着说：“我爱你，从这里一直到月亮，再……绕回来。”

旁敲侧击

犹太人非常重感情，在他们看来，当你深爱一个人的时候，也许你会

想把这种感觉描述出来。但是，就像小兔子和大兔子发现到的爱，不是一件容易衡量的东西，只要彼此心中有爱就足够了。

跌倒了要爬起来

犹太民间有这样一则笑话，说有个人一早出门办事，结果不小心在半路上摔了一跤，没想到才刚刚站了起来就又摔倒了，他无奈地说："早知道还会再跌倒，还不如不要爬起来算了。"就这样他干脆一直坐在地上不起来，什么也不做。天黑了，家人没见到他回来，于是出动所有人去找，结果看见他呆坐在大街上，才赶紧把他拉了起来。这个人什么事也没办成，就这样白白浪费掉一天的时间。

旁敲侧击

真正的强者，不在永不失败，而是在于能够屡败屡起。没有人能够永远都不跌倒，不能因为害怕再次掉跤就不肯站起来。因此，在人生的道路上，决不能因为害怕跌倒，而停滞不前，如果这样就永远都不可能踏出成功的第一步。

浅显的道理

一个著名的哲学家，晚饭后去郊外散步，遇见一个放声大哭的年轻人。哲学家问年轻人为何如此伤心，小伙子答道：

"我失恋了。"

哲学家闻听连连抚掌大笑道：

"糊涂呀糊涂。"

失恋者停住哭，气愤地质问：

"有学问就可以如此嘲笑愚弄别人吗？"

哲学家摇头道：

"非我取笑你，实是你自己取笑自己啊。"

见失恋者不解，哲学家接着说：

"你如此伤心，可见你心中还是有爱的；既然你心中有爱，那对方就必定无爱，不然你们又何必分手？而爱在你这边，你并没有失去爱，只不过失去一个不爱你的人，这又有何伤心呢？我看你还是回家去睡觉吧。该哭的应是那个人，她不仅失去了你，还失去了心中的爱，多可悲啊！"

失恋者听罢破涕为笑，恨自己对这浅显的道理怎么都没看透，于是向哲学家鞠了一个躬，转身离去。

旁敲侧击

只要心中有爱就不会失去爱，多好的一句话。人往往喜欢从一个角度片面地思考问题，久而久之，形成了一种僵化固定的模式，并被其束缚而困惑不堪。其实许多事只要换一个思维的角度，就会柳暗花明。

沉香

耶路撒冷有一个有钱的老人，叫艾伦，非常担心他从小娇生惯养的儿子小艾伦没有生存能力。他害怕自己庞大的财产反而会给儿子带来不祥，他认为与其把财产留给孩子成为祸害，还不如尽早教会孩子如何奋斗。

艾伦诚恳地与儿子谈话，对儿子讲述了自己愿望。他感动了小艾伦。于是，小艾伦决定出海去探险，寻找属于自己的天地。

小艾伦打造了一艘大船，出海探险。一路上，他度过险恶的风浪，经过无数的岛屿，最后在一个人迹罕至的小岛上发现一种树木。这树木高达10余米，数量奇少无比，一片森林中可能只有一两株。砍下这种树的外皮，留下木心的部分，会散发出一种奇异的香气。最奇怪的是把它放在水中时，不会像别的木头一样浮上水面，而是沉到底下。儿子心想，这真是个奇怪的宝贝呀！

小艾伦又历尽艰险，把香气无比的树木带到市场上的出售，希望卖个好价钱，可是市场上竟然没人看得上这种颜色黑暗、毫不起眼的木材。

在小艾伦旁边有个卖木炭的小贩，每天早早地就卖完木炭收工。刚开始时小艾伦还忍得住，后来就越来越动摇了："看来这木头就是个普通的玩艺，似乎远没有木炭好卖，干脆我也把香树烧成木炭来卖好了。"

第二天他便把香木烧成木炭，挑到市上。一天时间不到就全部卖完了。小艾伦为自己及时采取了他人的赚钱办法感到得意，很高兴地回家，将事情原委兴高采烈地向老艾伦描绘了一番。

老艾伦听着听着就落下泪来。原来，小艾伦烧成木炭的香木，正是世界上最珍贵的树木"沉香"。只要切下一块磨成粉屑，价值就超过了一车的木炭。

旁敲侧击

最美好的东西通常会被人所误解，最珍贵的东西通常会被人所遗弃。自以为聪明的人所做的蠢事真让人悲哀，因为他用尽所有的智慧，只在证明自己的愚笨。

流行

赫尔斯本是一个犹太血统的哲学家。有一次，他的一位朋友请他去参加一个音乐会。音乐会没开始多长时间，赫尔斯本就打起瞌睡来。

他的朋友看赫尔斯本竟然打起了瞌睡，很是奇怪，就推醒他。

赫尔斯本摇了摇头，说："这种怪异、低级的乐曲有什么听头？"

"你说什么？"朋友大叫起来，"天啊！你说这音乐低级？你知不知道，这是现在社会最流行的音乐！"

赫尔斯本心平气和地问："难道流行的一定好吗？"

"那当然，不好的东西怎么会流行呢？"朋友反问。

"那按你的意思，流行感冒也是好的！"赫尔斯本微笑着回答。

朋友顿时哑口无言。

旁敲侧击

流行的东西不一定就是好东西。有时候，人常常会被一种从众的思想所左右，从而影响自己对事物的甄别和判断能力。

最舒服的地方

一位国王，尽管住在豪华奢侈的王宫里，却越来越觉得不舒服，心情极差，连朝政也不愿意上了。当大臣们了解了情况后，纷纷想办法、出主意，有的送上山珍海味，有的送上稀奇珍宝，有的还送上美女。然而，过不了一两天，国王就又感到不舒服了。

这天，国王正在烦乱之际，一位大臣兴冲冲地来见国王，对他说，他发现了一个很让人舒服的地方。国王一听，十分高兴，要大臣马上就带他去。大臣摇摇头，告诉国王，必须要第二天才能去。国王没有办法，只好耐住性子等待第二天的到来。

第二天国王起了个大早，便急不可待地命令大臣前往那个舒服的地方。于是，大臣帮他准备好了行装，带了很多的水上路了。马车在沙漠上慢慢地走着，走了快半天了，还没有到达舒服的地方，而国王在干燥的沙漠上口干舌燥，只能不停地喝水。

不多久，他要小便了，大臣对他说，不行，一小便，舒服就会跑了，国王只好忍着。

就这样一直憋到了下午，国王又向大臣提出要小便，大臣还是不同意。

到了快要吃晚饭的时候，国王憋得坐立不安了，于是，大臣对国王说，你可以下车小便了，国王几乎是冲下了车子。

一阵水响声之后，听见国王大叫一声，舒服啊。

这时，大臣走向前，对国王叩叩首说道："这就是最舒服的地方。"

旁敲侧击

司空见惯的东西，会令人厌烦；再美丽的东西，见多了，也觉得不过如此；处于再幸福的环境中，享受多了，也会觉得毫无乐趣。因此，生活需要变化，人生需要新意。

积极的思想

从前有一个国家，地不大，人不多，但是人民过着悠闲快乐的生活，因为他们有一位不喜欢做事的国王和一位不喜欢做官的智慧大臣。

这个智慧大臣最大的特点就是积极——不论遇上什么事，他总是愿意去看事物好的那一面，而拒绝消极观点。由于智慧大臣凡事都抱着积极的态度，的确为国王妥善地处理了许多麻烦事，因而备受国王的敬重，凡事皆要咨询他的意见。

国王没有什么不良嗜好，除了打猎以外，最喜欢与智慧大臣微服私访民隐。智慧大臣除了处理政务外，就是陪着国王下乡巡视，如果是他一个人的话，他最喜欢研究宇宙人生的真理，他最常挂在嘴边的一句话就是

“一切都是最好的安排”。

有一次，国王兴高采烈地到大草原打猎，随从们带着数十条猎犬，声势浩荡。国王的身体保养得非常好，筋骨结实，而且肌肤泛光，看起来就有一国之君的气度，随从看见国王骑在马上，威风凛凛地追逐一头花豹，都不禁赞叹国王勇武过人！花豹奋力逃命，国王紧迫不舍，一直追到花豹的速度减慢时，国王才从容不迫弯弓搭箭，瞄准花豹，嗖的一声，利箭像闪电似的，一眨眼就飞过草原，不偏不倚钻入花豹的颈子，花豹惨嘶一声，仆倒在地。

国王很开心，他眼看花豹躺在地上许久都毫无动静，一时失去戒心，居然在随从尚未赶上时，就下马检视花豹。谁想到，花豹就是在等待这一瞬间，使出最后的力气，突然跳起来向国王扑过来。国王一愣，看见花豹张开血盆大口咬来，他下意识地闪了一下，心想：“完了！”

还好，随从及时赶上，立刻发箭射入花豹的咽喉，国王觉得小指一凉，花豹就闷不吭声跌在地上，这次真的死了。

随从忐忑不安走上来询问国王是否无恙，国王看看手，小指头被花豹咬掉小半截，血流不止，随行的御医立刻上前包扎。虽然伤势不算严重，但国王的兴致破坏光了，本来国王还想找人来责骂一番，可是想想这次只怪自己冒失，还能怪谁？所以闷不吭声，大伙儿就黯然回宫去了。

回宫以后，国王越想越不痛快，就找了智慧大臣来饮酒解愁。智慧大臣知道了这事后，一边举酒敬国王，一边微笑说：“大王啊！少了一小块肉总比少了一条命来得好吧！想开一点，一切都是最好的安排！”

国王一听，闷了半天的不快终于找到宣泄的机会。他凝视智慧大臣说：“你真是胆大包天，我的手指都没了，你还认为这是最好的安排！”

智慧大臣发觉国王十分愤怒，却毫不在意说：“大王，真的，如果我们能够超越自我一时的得失成败，确确实实，一切都是最好的安排。”

国王说：“如果我把你关进监狱，这也是最好的安排？”

智慧大臣微笑说：“如果是这样，我也深信这是最好的安排。”

国王说：“如果我吩咐侍卫把你拖出去砍了，这也是最好的安排？”

智慧大臣依然微笑，仿佛国王在说一件与他毫不相干的事。“如果是

这样，我也深信这是最好的安排。”

国王勃然大怒，大手用力一拍，两名侍卫立刻近前，国王说：“你们马上把智慧大臣抓出去斩了！”侍卫愣住，一时不知如何反应。国王说：“还不快点，等什么？”侍卫如梦初醒，上前架起智慧大臣，就往门外走去。国王忽然有点后悔，他大叫一声说：“慢着，先抓去关起来！”智慧大臣回头对他一笑，说：“这也是最好的安排！”

国王大手一挥，两名侍卫就架着智慧大臣走出去了。

过了一个月，国王养好伤，打算像以前一样找智慧大臣一块儿微服私巡，可是想到是自己亲口把他关入监狱里，一时也放不下面子释放智慧大臣，叹了口气，就自己独自出游了。

走着走着，来到一处偏远的山林，忽然从山上冲下一队脸上涂着红黄油彩的蛮人，三两下就把他五花大绑，带回高山上。国王这时才想到今天正是满月，这一带有一支原始部落，每逢月圆之日就会下山寻找祭祀满月女神的牺牲品。他哀叹一声，这下子真的是没救了。其实心里却很想跟蛮人说：“我乃这里的国王，放了我，我就赏赐你们金山银海！”可是嘴巴被破布塞住，连话都说不出口。

当他看见自己被带到一口比人还高的大锅炉，柴火正熊熊燃烧，更是脸色惨白。大祭司现身，当众脱光国王的衣服，露出他细皮嫩肉的龙体，大祭司啧啧称奇，想不到现在还能找到这么完美无瑕的祭品！

原来，今天要祭祀的满月女神，正是“完美”的象征，所以，祭祀的牲品丑一点、黑一点、矮一点都没有关系，就是不能残缺。就在这时，大祭司终于发现国王的左手小指头少了小半截，他忍不住咬牙切齿咒骂了半天，忍痛下令说：“把这个废物赶走，另外再找一个！”

脱困的国王大喜若狂，飞奔回宫，立刻叫人释放智慧大臣，在御花园设宴，为自己保住一命、也为智慧大臣重获自由而庆祝。

国王一边向智慧大臣敬酒说：“你说的真是一点也不错，果然，一切都是最好的安排！如果不是被花豹咬一口，今天连命都没了。”

智慧大臣笑着对国王说：“恭喜大王对人生的体验有了新的境界。”过了一会儿，国王忽然问智慧大臣说：“我侥幸逃回一命，固然是‘一切都

是最好的安排’，可是你无缘无故在监狱里蹲了一个月，难道这也是最好的安排?”

智慧大臣慢条斯理喝下一口酒，才说：“大王啊！您将我关在牢中，确实也是最好的安排啊！陛下不妨想想，今天我若不是在牢中，陪陛下出猎的大臣会是谁呢？等到蛮人发现国王不适合拿来祭祀满月女神时，谁会被丢进大锅炉中烹煮呢？不是我还有谁呢？所以，我要为大王将我关进监狱而向您敬酒，您也救了我一命啊！”

旁敲侧击

有段犹太俗谚是这样的：如果断了一条腿，你就该感谢上帝不曾折断你两条腿；如果断了两条腿，你就该感谢上帝不曾折断你的脖子；如果断了脖子，那也就没什么好担忧的了。犹太人认为，拥有积极思想的人，对任何事都抱着乐观的态度，即使遇上挫折，积极者也会认为那是成功前的必经考验。所以，他们凡事都永远想好的一面。他们用这样一则幽默来劝说人们接受与加深这种思想。

享受生活

黄昏下的海滩，有一位不知从哪里来的老翁，每天坐在固定的一块礁石上垂钓。无论运气怎么样，钓多钓少，两小时的时间一到，便收起钓具准时离去。

一个年轻人对老人古怪的行为产生了极大的好奇。

他问老人：“当你运气好的时候，为什么不一鼓作气钓上一天？这样一来，就可以满载而归了！”

“钓那么多鱼用来干什么?”老者平淡地反问。

“可以卖钱呀!”年轻人觉得老者傻得可爱。

“卖了钱用来干什么?”老者仍平淡地问。

“你可以买一张网，捕更多的鱼，卖更多的钱。”年轻人迫不及待地说。

“卖那么多的钱来干什么?”老者还是那副无所谓的神态。

“买一条渔船，出海去，捕更多的鱼，再赚更多的钱。”年轻人认为有必要给老者订一个规划。

“赚了钱再干什么?”老者仍显出那副无所谓的样子。

“组织一支船队，赚更多的钱。”年轻人心里直笑老者的愚钝不化。

“赚了更多的钱再干什么?”老者已准备收竿了。

“开一家远洋公司，不光捕鱼，而且运货，浩浩荡荡地出入世界各大港口，赚更多更多的钱。”年轻人眉飞色舞地描述道。

“赚了更多更多的钱还干什么?”老者的口吻已经明显地带着嘲弄的意味。

年轻人被这位老者激怒了，没想到自己反倒成了被问者。“当然是为了享受生活!”

老人笑了：“我每天钓上两小时的鱼，其余的时间嘛，我可以看看朝霞，赏落日，种种花草蔬菜，会会亲朋好友，悠哉游哉，我已经在享受生活了。”说话间，已打点行装，扬长而去。

旁敲侧击

犹太人认为，人活着是为享受而来的，而不是受苦受累，享受生活是人生的惟一目的。所以他们总是以一种悠闲的心态看待人生，什么都看得开，放得下，心无挂碍，达到一种令人神往的人生境界。

哲学家与船夫

一位哲学家出去游山玩水，他雇了一艘小船游江，坐在船上与船夫聊天：“小伙子，你懂哲学吗?”

“先生，我不懂。”

“小伙子，你会数学吗？”

“先生，我不会。”

“小伙子，你都到过哪些地方啊？”

“先生，我从来没去过别的地方。”

哲学家听后摇摇头说：“小伙子，你不懂哲学，人生目的已失去50%；不会数学，人生目的又失去20%；哪儿都不去，没见过世面，说明你的人生目的又失去20%——现在，你的人生目的总共失去90%了啊……”

说到这儿，天空忽然飘来大片乌云，随后吹来强风，暴风雨说来就来。船夫紧张地问哲学家：“先生，你会游泳吗？”

哲学家愣了，答道：“不会，我没学过。”

正说着，一个巨浪把船打翻了，哲学家和船夫都掉到了水里。当船夫费力地将在水中挣扎着的哲学家救上岸时，哲学家气喘吁吁地说：

“谢谢你小伙子，要不是你，我就失去了百分之百的生命。”

旁敲侧击

哲学家用自己的标准判断对错，衡量别人，并因此而小看平凡普通的船夫，事实上，在巨浪面前，他的理论不堪一击，没有一点现实意义与实用价值。

第八章　商德幽默

犹太商人被称为世界第一商人，他们拥有富可敌国的巨大财富，但他们并不是靠冷酷的厮杀和欺诈获得的。做事先做人，犹太人在经商中非常重视商业道德，他们用自己的诚信与博爱，赢得了世人广泛的赞誉。

两个富人

有这样一个发人深省的故事：

在一个犹太小镇上，一个荒淫无耻的富人死了。

全镇的人都为他哀悼，并送他的棺材到了墓地。当他的棺材被放进坟墓时，四处都是哭泣、哀叹声。据镇上最老的居民回忆，就连教士和圣人死去时，人们都没有如此悲哀。

正巧第二天镇上的另一个富人也死了。他的性格和生活方式正好与前一个富人相反。他节俭禁欲，只吃干面包和萝卜。他一生对宗教都很虔诚，成天在豪华的研究室内学习法典。可是，他死后，除了他的家人外，没有人为他哀悼。他的葬礼冷冷清清，只有几个人在场。

镇上恰好来了个陌生人，他对此迷惑不解，就问道："请向我解释一下这个城镇奇怪的行为吧。他们尊敬一个无耻的人，而忽略一个圣人。"

一个镇上的居民回答说：

"昨天下葬的那个富人，虽然他是个色鬼和酒鬼，但却是镇上最大的施益者。他性格随和、开朗，喜欢生活中的一切好东西。实际上镇上的每一个人都从那儿获益。他向一个人买酒，向另一个人买鸡，向第三个人买鹅，向第四个人买奶酪。他出手还十分大方。这就是为什么我们每个人都想念他，哀悼他。"

"可今天死去的那个富人又有什么用呢？他成天吃面包和萝卜，没人能从他身上赚到一文钱。相信我吧，没有人会想念他的。"

旁敲侧击

当财富无法带给周围的人好处时，那它就是失败的。许多犹太富豪，他们的身份不但是企业家，也是一个慈善家。

谣传

洛克菲勒一生中至少赚了10亿美元。但他深知过多的财富会给子孙带来麻烦，所以一生中捐出的金钱竟高达7.5亿美元。

然而，在捐钱之前，他都一定要搞清款项的用途，从不随便乱捐。

一天，洛克菲勒在下班的途中，被一个懒人拦住，向他诉说自己的不幸，然后恭维他说：“洛克菲勒先生，我从20里外步行到这里找您，路上碰到的每一个人都说你是纽约最慷慨的大人物。”

洛克菲勒知道拦路人是在向他讨钱，可他非常不喜欢这种捐款方式，但又不愿意使对方太难堪。怎么办呢？洛克菲勒想了一下，便对这个懒人说：“请问，过一会儿你是否还要按原路回去？”

懒人立即回答：“是的。”

洛克菲勒就对懒人说：“那再好不过了，请您帮我一个忙，告诉刚刚碰到的每个人：他们说的都是谣传。”

旁敲侧击

拒绝也要讲究艺术。硬生生地拒人于千里之外，会让对方感到面子上下不来台，而且会招致对方的怨恨。采用委婉的方式最好，让对方哑巴吃黄莲——有苦说不出，既不令对方太难堪，也表明了自己的态度。

自卫

一个以色列人、一个英国人和一个法国人被一群强盗劫持。

为首的一个强盗发了善心，允许他们在被杀死前做最后一件事。

法国人说他临死前想做的最后一件事，就是想和女朋友再亲热一番；英国人说最大的心愿就是写份遗嘱，强盗们给他找来了纸笔；以色列人却站着一动也没动。

好生奇怪的强盗头子走上前去，问以色列人："你怎么不说说你的心愿？"以色列人却说："我别的不想，只想让你踢我屁股一脚。"

"哈哈！"强盗头子被他这奇怪的心愿逗得大笑起来。笑完后，猛然间，抬起大脚，狠狠地踢了以色列人屁股一脚。

以色列人一个趔趄，就在这一瞬间，他转身取出藏在身上的枪，"啪啪"几声枪响后，强盗们便立马成了他的枪下之鬼。

见此情景，英国人和法国人便问那个以色列人："既然你身上带着枪，强盗们刚劫持我们时你为什么不开枪，要乖乖做人家的俘虏？"

以色列人满脸疑惑地说："当初，我的身体又没有受到他们的伤害，我没有理由开枪打死他们。我让强盗头子踢我屁股的原因，他就是在伤害我，对我的人身安全构成威胁，那我就可以名正言顺地以自卫的名义开枪打死他。"

旁敲侧击

这个以色列人并不是办事呆板，而是因为他深谙法律条文，采用了一种既能报复对方又属于合理自卫，不违反法律的最好方式。在世界范围内，犹太商人都是守法的楷模，他们从不违法经营，但他们会花费很多精力研究当地的法律，以便找到漏洞，从而合理地钻法律的漏洞。

骡子的家谱

一头骡子在路上走，遇到了一只狐狸，狐狸从来没有见过它。狐狸观察着它脸上的庄严神气，它的眼睛很明亮，它的耳朵很长，狐狸心里说："我看到的这是谁呢？这个家伙怎么样呢？我还从来没有看到像它这样的……"

狐狸问骡子是谁生的，骡子回答说："我的叔叔走起路来很骄傲，它是国王的坐骑。打仗的时候，它腾跳奔跃，猛烈地刨地。它的脖颈上披覆着鬃毛，它高贵的嘶鸣令人恐惧。它的蹄子像燧石。它们渴望鏖战和毁灭……它的眼睛像火焰，像闪电。它是主人的力量之塔，伸出脖颈向前……这就是骡子的家谱。"

旁敲侧击

出身的好坏并不能说明什么，更不能决定自己的前途与命运。一个处处隐瞒自己的卑微出身或虚伪地夸大自己的出身的人，是可悲的。

异类

有个国王有一大群羊，他雇了一个牧羊人，每天出外放牧。

有一天，牧羊人发现一头似羊非羊的动物，混在了羊群里，他便来向

国王请示说：“有一只从未见过的动物混进了羊群，该如何处置？”

国王说：“你要特别照顾好那个动物。”

牧羊人一听，十分不解地看着国王。

国王告诉他：“这些羊一向是我们一手养大的，所以没有什么好担忧，但这个动物在完全不同的环境中长大，却能和我的羊群一起行动，这不是令人高兴的吗？”

旁敲侧击

很多出色的东西，都带有鲜明的个性。见到“异类”就不加分析一棍子打死的做法是愚蠢的，是低能之辈的一贯行为。为此，犹太先哲们在《塔木德》上提醒他们的后辈：神喜欢犹太化的非犹太人。

洗车

一个犹太家庭的父亲，存钱存了很久，终于买了一辆自己向往已久的新车。新车开到家后，他珍爱有加，每天都要洗车打蜡。他5岁的儿子见父亲这么爱车，也常常乐此不疲地帮爸爸一起洗车。

有一天，这位父亲开车回到家后，累得一动也不想动。于是他决定破一次例，改天再洗车，尽管自己的爱车因淋了雨，而显得脏乱不堪。

这时，5岁的儿子见父亲这么累，就自告奋勇地要帮爸爸洗车。父亲见他这么小的年纪，就知道体谅自己，心里甚感欣慰，便放手让儿子去洗。

儿子要动手洗车了，却找不到洗车用的毛巾。于是他走进厨房，立刻便想到母亲平常炒完菜洗锅时，都是用钢刷使劲刷才刷干净的，所以既然没有洗车毛巾，就用钢刷吧！他拿起钢刷用力地洗起车来，一遍又一遍，像刷锅一样刷车。

等他洗完之后，听见“哇!”的一声，他失声大哭起来，车子怎么都花了？这下可闯大祸了，他急忙跑去找父亲，边哭边说：“爸爸，对不起，爸爸，你来看!”父亲疑惑地跟着儿子走到车旁，他也“哇”的一声，“我的车，我的车!”这位父亲怒气冲冲地走进房间，气急败坏地跪在地上祷告，“上帝呀，请你告诉我，我该怎么做？那是我新买的车，一个月不到，就变成这样，我该怎么处罚我的孩子？”

他才祷告完，耳边忽然出现一个声音：“世人都是看表面，而我却是看内心!”突然间，他彻悟了。

他走出房门，儿子正害怕地流着泪，动也不敢动。

父亲走上前去，把孩子紧紧地拥在怀里，亲切地说：“谢谢你帮爸爸洗车，爸爸对你的爱，远远胜过对那部车子。”

旁敲侧击

凡事要透过表面去看本质，当家人或朋友无意间做错了某件事时，我们要理智对待，不要只看事情的表面，而忽略他们内心真实的想法。学会用爱心去包容爱心，定会让你感觉自己的周围，时时洋溢温暖的阳光。

躲不起

美国波士顿犹太人被屠杀纪念碑上，刻着一个名叫马丁的德国新教神甫留下的一段话：

“起初他们追杀共产主义者，我不是共产主义者，我不说话；接着他们追杀犹太人，我不是犹太人，我不说话；此后他们追杀天主教徒，我不是天主教徒，我不说话；最后他们奔我而来，再也没人站起来为我说话了。”

旁敲侧击

漠视了正义和真理，全社会都将为之付出代价，没有人可以躲得过去。也正因为如此，我们每个人都有义务将整个社会的事当做自己的事，并用自己的力量将社会变得更美好。

乞丐与施主

有一个乞丐去找施主，要求每月一次的施舍。他敲了几次门，才见主人开了门，神情暗淡的。

“出了什么事了？”乞丐问。

“你不知道？我破产了。我欠了10万元的债务，而我的资产才1万元。”

“这我知道。”

“那你还来问我要什么？”

“按照你的资产，每1元给我1角。”

旁敲侧击

在两千多年前，犹太民族就已把“捐献1/10的收入”列入上帝的律法，即使在大流散的岁月中也从未中断。所谓的“慈善”不是犹太人的说法，在他们眼里，这样的行为只是一种“公义”：捐献，即一定数量的钱的转移，是每个犹太人必须履行的“公共义务”。其强制性之大，让人惊叹。

赚一美元的富豪

一个晴朗的夏日，一个脏乱的火车候车室内，坐着一位衣着随便、满脸疲态的老人。

火车进站，老人起身向检票口走去。

忽然，候车室外走来一个胖太太，她提着一只很大的箱子，显然也要赶这班列车，可箱子太重，累得她直喘粗气。

她看到了那个老人，冲她大喊：“喂，老头，快给我提箱子，我待会给你小费!”

老人拎过箱子就朝检票口走，虽然看起来他是那么的不堪重负。

火车就慢慢启动了。胖太太抹了一把汗，庆幸地说：“要不是你，我非误车不可。”说着，掏出一美元递给老人。

老人并不推辞，微笑着伸手接过。

这时，列车长走了过来，对老人说：“您好，尊敬的洛克菲勒先生，欢迎您乘坐本次列车，如果有需要帮助的地方，我很乐意为您效劳。”

“谢谢，不用了，我只是刚刚做了一个为期三天的徒步旅行，现在我要回纽约总部。”老人客气地回答。

“什么？洛克菲勒?”胖太太惊叫起来，“上帝，我竟让石油大王洛克菲勒先生给我提箱子，居然还给了他一美元小费，我这是在干什么啊?”

她忙向洛克菲勒道歉，并诚惶诚恐地请洛克菲勒把那一美元小费退给她。

“太太，你不必道歉，你根本没有做错什么。”洛克菲勒微笑着说道，“这一美元，是我挣的，所以我收下了。”说着，洛克菲勒把那一美元郑重地放在了口袋里。

旁敲侧击

犹太商人最爱做的交易就是既能帮助他人又能自己受益的买卖，而且，越来越多的犹太人认为，也只有从这种思路出发的生意，才是最有发展前途的生意。

只看到自己

一个非常吝啬的人，拥有很多财产，但他感到自己没有一天是快乐的，就去求教一位禅师。

禅师声明，在回答他的问题之前，富人必须回答几个问题。

富人答应了。

禅师让这个富人站在窗前，隔着窗玻璃，指着外面的街面，问：“你看到了什么？”

富人说：“一群忙碌的人。”

禅师又拿来一面镜子，让他看，问：“现在你又看到了什么？”

富人说：“我看到了我自己。”

禅师又问：“窗户和镜子是什么做的？”

富人说：“都是玻璃做的啊。”

禅师再问：“它们有什么不同？”

富人说：“镜子的玻璃上镀了一层银子，而窗户上没有。”

禅师于是说："这就是你要寻找的答案——单纯的玻璃能让我们看到别人，而镀上银子的玻璃就只能让我们看到自己。你的眼睛全部被金钱所蒙蔽，只见自己而不见别人，又何谈快乐呢？"

旁敲侧击

富有是好事，但如果没有正确的心态，把赚钱当做人生的惟一目的，不能用财富造福社会与他人，不仅不会给自己带来快乐，反而会为自己增添无尽的烦恼。尽管犹太民族对于金钱的追求达到了顶礼膜拜的程度，但对于商德的崇尚也是令人佩服的。在他们看来，处处以自我为中心，眼中只有自己的人，即便是个财气冲天的富翁，他们也会对其敬而远之、嗤之以鼻。

第九章 交际幽默

犹太民族是个善于交际的民族，世人称其交际战术是“谋略家的智慧爆发”。他们认为，一个不懂交际技巧的商人，简直就是被判了死刑的犯人，没有一点生存与发展的希望。掌握一套行之有效的交际战术，是一个商人纵横商场的本钱与基础，否则必一败涂地。

面子

这一天，穷困潦倒的迈克，应邀到一朋友家去做客，因无毛皮衣服，只能穿葛麻做的单服。但非常爱面子的迈克，担心朋友见笑，冬日里带上一把扇子，席间不住摇扇，对众朋友说："我这人就怕热，即使冬日也喜欢取凉。"

酒足饭饱后，朋友看出了迈克的做作，便想整治他一样。于是便力邀他住一个晚上。并迎合他的做作劲，用单被篾席，在池畔亭台的风凉处搁铺，让他住下来。迈克不便再改口，只得暗暗叫苦。

冬日的夜晚，寒气逼人，迈克被冻得抖若筛糠，只得披了薄被起来走动以御寒，不料失脚跌进池中。

朋友来看他，惊问怎会跌入池中的。迈克冻得嘴角铁青，不住打着哆嗦，但还是死要面子说："我怕热怕得厉害，即使冬日里睡在凉亭中，也还想洗一洗凉水浴。"

旁敲侧击

迈克为了给自己争足面子，虽是冻得哆哆嗦嗦，却还要摇扇、洗冷水澡，真可谓是死要面子活受罪。面子是害人的，很多人为了满足自己的虚荣心和为争面子而做出蠢事，受害的最终都是自己。

破戒

有一次，一位犹太商人去乡下一位波兰地主那儿谈生意。他见到地主的时候地主正在吃早饭。桌子上是热腾腾的肉排，还有一瓶酒。主人礼貌地邀请商人在餐桌旁坐下，一定让他吃块猪排。犹太人道了谢并拒绝了。

“你不喜欢猪排？

“恰恰相反，我很喜欢，可是犹太人不能吃猪肉。”

地主笑了。“我知道了，我知道了，”他说，“你们管它叫‘不洁’。”然后他给他倒了一杯葡萄酒。犹太人又道了谢拒绝了。那也是不能喝的。

地主于是不耐烦起来，抱怨道：“你们的上帝一定是个硬心肠的家伙！他在你们肩上放的担子太重了。告诉我，要是你在森林里迷路了，好几天没吃东西，再不吃就饿死了，这时假如有人来了，可是给你的却是‘不洁’的食物——你吃还是不吃？”

“那是另外一件事了，”犹太人回答说，“我们的法则为人的生命和健康面临危险的时候也订了规矩。”

地主突然跳了起来。他目露凶光地盯着犹太人，抽出一把手枪，指着他叫道：“把这酒喝了，不然我开枪了！

一眨眼的工夫犹太人就把酒一口气喝下去了。地主一边用手枪指着他，一边又给他倒了第二杯酒。又是一眨眼的工夫犹太人也喝完了它。

地主放下手枪，笑着对犹太人说：“请别生气，我只不过是开开玩笑。告诉我你不会生气的。”

“我为什么不生气——我完全有理由生气，”犹太人反驳道，“你的玩笑本应该早点开，在你说到猪排的时候！”

旁敲侧击

犹太人是不会在没有缘由的情况下“破戒”的，但只要有机会，他们对于自己喜欢的美食也绝不放过。在经商过程中，他们在坚持原则的前提下，也会自我创造一些“不得已”情况，让自己赚得盆满钵满。

不是别人的错

一个学生向老师抱怨班里有某人特讨厌，总喜欢跟他比，影响了他的学习。

老师问这学生，你喜欢吃苹果吗，学生愕然，但还是回答：“不喜欢，但喜欢吃雪梨。”

“你不喜欢吃苹果？”

“对。”

“那有没有人喜欢吃苹果？”

“当然有！”

“那你不喜欢吃苹果是苹果的错吗？

学生笑笑：“当然不是！”

“那你不喜欢他是他的错吗？”

……

旁敲侧击

生活中我们经常听到有人在抱怨人际关系难处，议论某某人如何讨厌等等。却不知，很多时候是我们自己出了问题。我们习惯以自己的标准衡量别人，把自己的喜好当做别人的喜好，人为地制造了许多不和谐。放下偏见，正视他人，我们的生活将变得轻松而美好。

哲学家的自嘲

哲学家的妻子是一位脾气暴躁的女人。

有一天，哲学家正和他的一名学生谈论学术问题，他的妻子突然跑了进来，不由分说大骂一通，接着又提起装满水的水桶猛泼过来，把哲学家全身都弄湿了。

学生们以为老师一定会大怒，然而出乎意料，他只是笑了笑，风趣地说道：

“我知道打雷之后，一定会下雨了。”

大家听了，不禁哈哈大笑，他的妻子也惭愧地退了出去。

旁敲侧击

幽默是人际关系的润滑剂，它能避免人们之间产生不必要的摩擦。尤其在遭遇尴尬的时候，幽默的语言更能帮你摆脱窘境，获得意想不到的效果。

疑心是魔鬼

有一对小夫妻，新婚燕尔，如胶似漆，小日子过得十分甜蜜。

一天，丈夫心中高兴，便对妻子说：“你到厨房里打开酒瓮取些葡萄酒来，我俩共饮几杯。”妻子来到厨房，打开酒瓮盖，正要取酒时，却在瓮中看到一个俏丽女人的身影。顿时，她妒火中烧，气冲冲地跑回屋里，责问丈夫：“你原来已经有了一个女人，还把她藏在瓮中。你为什么要欺骗我？”

丈夫被问得丈二和尚摸不着头脑，就跑到厨房朝瓮中看个究竟。他一看，顿时也火了，冲着妻子大叫道：“你说我藏了女人在里面，可我分明看到的是一个男人。你老实说，为什么欺骗我？”

于是，夫妇俩怒目而视，争吵不休，最后大打出手。

这时，来了一位拉比，听完夫妇的述说，也到瓮中看了看。他知道这是瓮中葡萄酒映现人影造成的误会，便搬来一块大石头，朝着酒瓮砸了过

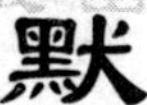

去，葡萄酒顺着窟窿流了一地。夫妇俩再往瓮中观看时，已是一无所有了。夫妇俩这才明白是影子的缘故，羞愧地低下了头。

旁敲侧击

俗话说：疑心生暗鬼。疑心太重的人，一碰到稍微复杂点的事情，就会疑神疑鬼，无端猜测，由此上演了一幕幕闹剧、悲剧，等最终真相大白时，却发现已耗费了许多宝贵的精力和时间，甚至已经造成了不可挽回的残局。

解除尴尬

在巴以战争中，一位以色列的将军由一名作战部的指挥官陪同，到前线去看望士兵。到了目的地那天，刚好下起雨来，到处泥泞不堪。将军站在一个活动讲台上向士兵演讲，演讲结束后从台上走下来时，一不留意便滑倒在泥浆里，士兵们哄然大笑起来。

指挥官一边制止士兵们的哄笑，一边惊慌地把将军扶了起来，谦恭地向他道歉。没想到将军却笑着说："没关系，相信这一跤比我的演讲更能激发士气，因为我摔得很有水平嘛！"

旁敲侧击

遇到突如其来的状况时，能够稳重沉着地面对，又利用消遣自我的方法来化解尴尬，这就是一个懂得将智慧运用于生活中的人。

好汉不吃眼前亏

在一个树林子里，狮子建议9只野狗与自己合作猎食。它们打了一整天的猎，一共逮了10只羚羊。狮子说："我们得去找个英明的人来给我们分配这顿美餐。"

"一对一最公平。"一只野狗说出了它的看法。

狮子很生气，立即把它打昏在地。其他野狗都吓坏了，其中一只野狗鼓足勇气对狮子说："不！不！我的兄弟说错了，如果我们给您9只羚羊，那您和羚羊加起来就是10只，而我们加上一只羚羊也是10只，这样我们就都是10只了。"

狮子满意了，说道："你是怎么想出这个分配妙法的？"

野狗答道："当您冲向我的兄弟，把它打昏时，我就立刻增长了一点儿智慧。"

旁敲侧击

犹太人认为，不吃小亏，可能就要吃更大的亏。在这则故事中，野狗之所以能分到一只羚羊就是肯吃眼前亏。它若不吃，换来的可能就是狮子的利爪。所以，在与人交往中，当碰到对自己不利的环境时，千万别逞一时之勇，吃点眼前亏，也许并不是坏事。

聪明的理发师

很久以前，有一个智慧大臣请一个理发师修面。理发师给智慧大臣修到一半时，也许是过分紧张，不小心把智慧大臣眉毛刮掉了。唉呀！不得了了，他暗暗叫苦，顿时，惊恐万分，深知智慧大臣如果怪罪下来，那可有杀头之罪呀！

但行走江湖多年的理发师，深知人之普遍心理：盛赞之下无怒气消。他情急智生，猛然醒悟！连忙停下剃刀，故意两眼直愣愣地看着智慧大臣的肚皮，仿佛要把五脏六腑看个透。

智慧大臣见他这模样，有点丈二的和尚摸不着头脑，于是满腹迷惑地问道：

“你不修面，却光看我的肚皮，这是为什么呢?”

理发师忙解释说：

“人们常说，智慧大臣肚里能撑船，我看大人的肚皮并不大，怎能撑船呢?”

智慧大臣一听理发师这么说，哈哈大笑：

“那是说智慧大臣的气量最大，对一些小事情，都能容忍，从不计较的。”

理发师听到这话，“扑通”一声跪在地上，声泪俱下地说：

“小的该死，方才修面时不小心，将您的眉毛刮掉了！相爷气量大，请千万恕罪。”

智慧大臣一听啼笑皆非：眉毛给刮掉了叫我今后怎么见人呢？不禁勃然大怒，正要发作，但又冷静一想：自己刚讲过智慧大臣气量最大，怎能为这件小事，给他治罪呢?

于是，智慧大臣便豁达温和地说：

“无妨，且去把笔拿来，把眉毛画上就是了。”

旁敲侧击

理发师凭借自己的机智，在对智慧大臣进行一番盛赞之后，然后说出自己的错误，成功地躲过了一场杀身之祸。这正如《塔木德》中所说的那样：赞美是消解别人怨气的良药。其实，每个人都有弱点，在危机面前懂得利用别人的弱点来为自己赢得机会的人，才是最聪明的人。

占座位的下场

火车车厢里，一个先上来的人坐了个座位，又把手提包放在身旁占了个座位。这时，另一个人走过来，见那个座位空着，便很有礼貌地问道：“小姐，这是你的包吗?”

“啊！不，我朋友的。”先上车的那个人说，“瞧！她在月台上跟人说话哩。”

这时，火车开动了。后上车的那个人知道她在撒谎，一把抓起那个手提包扔出窗外，然后坐了下来。

“你，你，你这是干什么?”先上车的那个人急得大叫起来。

“哦，你朋友误车了。”后上车的那个人笑着说，“不能再让她把行李也丢了。”

旁敲侧击

不要以为自己那点小把戏别人不知道，或即使知道了也奈何不了你，公道自在人心，任何时代，失道与失德的人都没有过好下场。遵守公共秩序和公共道德是每一个社会个体都应该懂得的道理，人与人之间多一点关爱与互助，生活就会更美丽。

四封信

一个剧作家，有次交给著名影星凯仑小姐一个剧本。凯仑小姐看后，便马上坐下来给这位剧作写信：“亲爱的皮特先生，感谢你送给我这样一部动人的剧本，读后，我非常感动。剧本很幽默，不过……”

当凯仑小姐写到这里时，她的笔在纸上停了下来。因为她不喜欢信里的虚伪口吻。于是她铺开了另外一张纸，写道：“亲爱的皮特先生，剧本我用心看了看，乱糟糟的，我实在搞不懂都说些什么……”她再次停笔，从头再写：“皮特先生，你这剧本很令人丧气，多年来，我还是第一次看到这样的剧本……”

太过火了吧！凯仑小姐心里念叨着，于是，又改写为：“亲爱的皮特先生，承蒙看待，不胜感谢，无奈近日琐事颇多，无暇顾及……”还是不能令人满意，干嘛要对别人撒谎呢？

过了几天后，凯仑小姐和朋友谈起这件事情，朋友问她最后怎样处理了。她说：“我把四封信装进一个信封，全都寄给了他。”

旁敲侧击

真诚是人际交往的重要原则。很多时候，直言不讳可能会让当事人很难堪，但只要你的态度是真诚的，别人最终会把它收进耳朵，并在想通了之后对你心存感激。

弦外之音

有一户农家，住在半山腰上，平日辛勤种田，生活虽不富裕，但还算过得去，只是如果有个额外的开销，经济就会变得很吃紧。

话说这天，男主人很久以前认识的一个普通朋友，虽然很少见面，但是交情还算不错，见他千里迢迢来访，一家人非常高兴，于是好酒好菜，男主人高兴地与他聊到天明。

谁知这客人一住下来，就没完没了了，连续住了很长一段日子，而且似乎没有打道回府的意思。

这个时候，家里的菜已经快要吃光了，偏偏正逢梅雨季节，户外的雨从来没有停过，无法下山去买些存粮，真是糟糕。

妇人对丈夫说："都没吃的了，你快想想办法啊！"丈夫无奈地回答："他不走，我总不能请他自己离开吧！"妇人说："不管你怎么做，反正已经没米下锅、没菜可吃了，你再不解决，我们三个人就一起饿死好了！"妇人越说越气，说完之后，就拂袖而去，留下不知该如何的主人。

隔天，吃完饭后，主人陪着客人聊天，并看看窗外的景致，谈谈过往的回忆。这时候，主人忽然看到庭院的树上有一只鸟正在躲雨，而且这只鸟的体型非常大，是以前都没有见过的鸟类。于是，主人灵机一动，对着客人说："你远道而来，这几天我都没有准备什么丰富的菜肴招待你，真是不好意思！"

"别这么说，我觉得一切都很好，不但你和嫂子款待周到，而且吃得好、睡得好，感激不尽呢！"

"看，窗外树上有一只鸟呢，以前见过吗？"

"看到了。怎么啦？"

“我等一下准备拿斧头把树砍了，然后抓那只鸟来煮，晚上我们喝酒时，才有下酒菜呀，你觉得如何?”

客人想了半天，十分疑惑地问：“当你砍树的时候，可能鸟儿早就飞掉了吧，你怎么抓它呢?”

主人悻悻然地看着完全不了解主人用心的客人，说：“怎会呢，在这个人世间，还有更多不知人情世故的呆鸟，大树都已经倒了，都还不知道要飞呢!”

旁敲侧击

《塔木德》这样教导犹太人：只有理解他人的处境的人，才能赢得他人的尊重。为避免出现尴尬的场面，我们要设身处地地理解别人的处境，多多观察，从一些弦外之音中理解他人，从而获得他人的尊重与欢迎。

放弃偏见

有位女士养了一只珍贵的鹦鹉，非常可爱美丽，但是它却有一个怪毛病，常常咳嗽，而且声音浑浊难听，喉咙里好像塞满了令人作呕的痰。女主人十分焦虑，急忙带它去看兽医，惟恐它患上了呼吸系统的疾病。

不料检查结果，鹦鹉完全健康，没有毛病。问题出在女主人身上，因为她抽烟，所以经常咳嗽，这只鹦鹉只是惟妙惟肖地把主人的声音模仿得以假乱真罢了。那女主人顿时醒悟，立即戒了烟。

旁敲侧击

凡事多从自己身上找原因。在现实生活中，每日三省吾身，多从自己身上找原因，不要老怀疑别人有问题，放弃自我的偏见，生活会变得轻松而美好。

以貌取人

从前有两个穿得很破烂的年轻学者四处旅行。他们来到一个小镇，请求当地的富翁让他们借住一晚。富翁一看两人的衣服，马上就拒绝了，他们只好到另找住处。

十年后，这两位学者变成有名的专家，名扬世界。

有一天他们又路过那个小镇，便前往当年帮助他们的人家拜访。碰巧，那位富翁也在场。富翁当然认得他们，一看他们穿得光鲜亮丽，马也很漂亮，又是人人尊敬的学者，便恳求他们到他家住宿一晚，并且住在最好的房间。

学者却说："那我们就不客气了，请你让这两匹马住到你家去吧！"

旁敲侧击

做人不要太势利。如果我们抱着一种获利的心态，当我们与陌生人碰面的时候，就会以貌取人，这样的人是不会得到什么好结果的。

第十章　成败幽默

犹太人在商业上的巨大成功引起世人的关注，而犹太人则对自己所掌握的巨大财富深为自豪而且讳莫如深。犹太商人认为，市场瞬息万变，只有永不墨守成规，才能立于不败之地。他们在商业经营中，总是凭借他们敏锐的市场嗅觉，怪招迭出，常常打破人们惯常思维的束缚，以常人难以想像的方法出手，出奇制胜，获取他人无法企及的成功。

享受果实

罗马皇帝哈德良看见一个老人正在努力工作，种植无花果树。他问老人道："你是否期望自己能够享受果实?"

老人回答说："如果我不能活到吃无花果的时候，我的孩子们将会吃到，或许上帝会特赦我。"

"如果你能够得到上帝特赦而吃到这树的果实，"皇帝对他说，"那就请你告诉我。"

时光流逝，果树果然在老人的有生之年结出了果实，老人装了满满一篮子无花果来见皇帝。见到皇帝时，他解释说："我就是你看见过的那个种无花果树的老人，这些无花果是我劳动的成果。"

皇帝命他坐在金椅子上，把他的篮子装满了黄金。

可皇帝的仆人反对道："您想给一个老犹太人那么多荣誉吗?

皇帝回答说："造物主给勤劳的他以荣誉，难道我就不能做同样的事吗?"

后来，老人有一个懒惰的邻居，他妻子听了老人的故事，她对丈夫说："皇帝爱吃无花果，给他点无花果，他就会给你金子。"

丈夫听从了妻子的话，也拿了满满一篮子无花果到皇宫，要求换取金子。

仆人报告皇帝，皇帝大怒："让这个人站在皇宫门口，每个进出的人都可以向他脸上扔一个无花果。"

黄昏时，这个可怜的人被送回了家，浑身又青又肿。"我要把我得的全给你!"他冲妻子喊道。

旁敲侧击

不要看到别人得到什么好的东西就犯眼红病，成功的果实是靠勤劳获得的，而不是投机倒把。

天空是从哪里开始的

一个人想知道天空是从哪里开始的。他首先遇到一只蚂蚁：

“天空是从哪里开始的?”

蚂蚁回答说：

“天空是从你鞋子那么高的地方开始的。”

他继续向前走，遇到了一只山羊，他问山羊：

“天空是从哪里开始的?”

山羊回答说：

“天空是从草原消失的地方开始的。”

最后，他遇到了一位白发老人：

“天空是从什么地方开始的?”

老者说：

“天空是从你的脚下开始的。”

旁敲侧击

是的，天空是从你的脚下开始的。想成就大业就要从手头的小事做起，从坚实的土地上迈步，一步一个脚印地向前走，而不是奢望可以省略过程而直奔终点，跳过近前而直达远方。

研修班的教授

在以色列，某法律研修班一位教授预先声明缺乏学费的学生，可以先交一半费用。至于剩下的一半，可在结业后，打赢第一场官司的时候，再行补交。假如第一场官司打输了，可以不必交纳这笔费用。

在这些人中，其中有一位学生结业后，经过了两个月都没有任何官司可打，这笔剩余的学费也一直没有补交。

屡次催款无效后，法律老师宣称要控告这名学生。学生回答说："教授，我不是不交，只是因为我生活贫困，没有官司可以接洽，所以欠您的学费一直拖到现在。"

法律老师很不满意："没有官司是吧？只要我控告你，你立刻就有官司可打了。如果我打赢这场官司，你必须付清这些学费；如果你赢了，就如同当时说的，赢了第一场官司就必须补交费用！"

学生冷静地回答："老师你错了，我赢了这场官司是胜诉，根本不需要交纳任何费用；如果我输了，依照约定，第一场官司打输，我也不必交纳任何费用给你。"

旁敲侧击

每个人说话都不可能百分之百地严丝合缝，只要留心对手言语逻辑之间的矛盾，你能从中发现许多你想要的破绽。

输了5块钱

一对新人到拉斯维加斯度蜜月。没过三天，1000美元赌本就输光了。当天晚上新郎躺在床上，看到梳妆台上有东西在闪闪发光。他凑上前去，发现那是他们留下来当纪品的5块钱筹码。更奇怪的是，筹码上不断闪着“17”这个数字。

他觉得这是个兆头，于是披上绿色浴袍，急匆匆冲到楼下去找轮盘赌台。他把5块钱筹码押在“17”这个数字。果不其然，小球落在“17”，赔率是赌1赔35，他拿到175美元。他把彩金继续押在“17”，小球果然又落在“17”，庄家赔了6125美元。这种邪门的手气就这样持续着，财星高照的新郎赢了750万美元，但他还不肯罢手。这时赌场经理出现了，他说，如果再开出“17”，他们可是赔不起了。

这个新郎想乘胜追击，叫了计程车直驱市区另一家财力更雄厚的赌场。轮盘台上的小球又落在“17”，庄家赔了两亿多美元。他乐昏了头，把这笔巨资孤注一掷，来一场空前豪赌。结果小球停住时一偏，开出了“18”。一辈子都梦想不到的天大财富，就这样转瞬间输得精光。他垂头丧气地走了几里路，回到旅馆。

他一走进房间，太太就问了：“你到哪儿去了？”

“去赌轮盘了。”

“手气怎么样？”

“还好。只输了5块钱。”

旁敲侧击

金钱也是有灵性的，你不珍惜它，它也就不会留恋你。人的贪念会让到手的财富瞬间蒸发得无影无踪。

只售1法郎的豪华别墅

在留学生中有这样一个故事，一位留学法国的犹太留学生，由于家里的生活突然遭遇不测，父母已经拿不出钱来供他完成剩下的一年半学业。他突然失去了经济支持，只好从独居公寓里搬到七八个人合租的宿舍，并决定像他的室友们一样，走上打工挣钱维持学业的道路。

为了找工作，这位留学生翻开了以前从来不看的报纸广告页。突然，一则登在不起眼的角落里的广告吸引住了他：

“豪华别墅，只售1法郎。”

室友们听他念出这则广告后，都嗤之以鼻，甚至觉得有些可笑，有的说：“今天不是愚人节吧！”有的说：“哪有天上掉馅饼的好事。”还有人半带嘲弄地问他：“你该不是想去试一试吧？”好心人则提醒道：

“可千万别上当，这是个陷阱，我看，骗子总是有不可告人的图谋！”

留学生虽然是半信半疑，但他还是按照报纸上提供的联系方式，找到了那个登广告的人。

登广告的是一个衣着华贵的中年妇女。问清楚留学生的来意后，她指着她正站着的屋子的地板说：“喏，就是这里。”

留学生不禁大吃一惊：这里是巴黎近郊最著名的别墅区，富人云集，地价之昂贵可谓寸土寸金；再看身处的这幢房屋，设计高贵精妙，装潢富丽豪华，如果要售出，价格应该是天文数字，他可是无论如何也不可能出那样一大笔钱的。

“太太，能看看房子的有关手续吗？您知道……”

留学生不知道说什么好，他搜肠刮肚想为自己找个理由去相信，但还是不由自主地问出了一句。

贵妇人微微一怔，拨了一个电话，仿佛是叫什么人来，然后自己转身上楼，一会儿回来，交给留学生一个文件袋。

留学生瞪大了眼睛，辨别着房契的真伪，研读着文书中那些拗口的条文句子。正在这时，一位戴着眼镜、夹着公文包的男士走了进来，他跟妇人嘟囔了两句后，走到留学生面前："先生，您好。我是律师，如果您没有什么异议，我可以为您办理买卖房屋的手续了吗？"

"你是说1法郎……这幢房子……"留学生不敢相信这一切是真的，甚至有些语无伦次了。

"是的，先生，如果可能的话，请您交现款。"律师一本正经地回答。

三天之后，留学生带着他向法院求证后确认无疑的文件，到豪华别墅去办理移交。当他接过沉甸甸的钥匙的时候，仍难以相信他已是这所房子的主人。他叫住正要离去的房主："太太，您能告诉我这是为什么吗？"

妇人叹了一口气："唉，实话跟你说吧，这是我丈夫的遗产。他把所有的遗产都留给了我，但只有这幢别墅，他遗嘱里说卖了以后把所有的款项交给一个我从来没有听说过的女人。前两天见到那个女人后我才知道，我丈夫瞒着我和她偷偷幽会了12年……所以我才做出这一个决定——我遵守我丈夫的遗嘱，但我也不能让她轻易得到。"

旁敲侧击

很多时候，我们凭自己对生活的经历，形成了一种固定的思维模式，认为一些事情是一定不可能发生的。但事实上，一切都在改变，我们又怎能确定地说一些事情不可能发生呢？只要有1%的希望，我们就要尽100%的努力去争取，或许你就会更快地走向成功。

想了八年

来自以色列和美国的两个年轻人一同搭船到异国闯天下，他们下了码头后，看着海上的豪华游艇从面前缓缓而过，二人都非常羡慕。以色列人对美国人说："如果有一天我也能拥有这么一艘船，那该有多好。"美国人也点头表示同意。

吃午饭的时间到了，他们都觉得肚子有些饿了，两人四处看了看，发现有一个快餐车旁围了好多人，生意似乎不错。以色列人是对美国人说："我们不如也来做快餐的生意吧！"美国人说："嗯！这主意似乎是不错。可是你看旁边的咖啡厅生意也很好，不如再看看吧！"两人没有统一意见，于是就此各奔东西了。

握手言别后，以色列人马上选择一个不错的地点，把所有的钱投资做快餐。他不断努力，经过八年的用心经营，已经拥有了很多家快餐连锁店，积累了一大笔钱财，他为自己买了一艘游艇，实现了他自己的梦想。

这一天，他驾着游艇出去游玩，发现了一个衣衫褴褛的男子从远处走了过来，那人就是当年与他一起来闯天下的美国人马克。他兴奋地问马克："这八年你都在做些什么？"马克回答说："八年间，我每时每刻都在想：我到底该做什么呢！"

旁敲侧击

光有远大的理想是不行的，还要付诸行动，否则理想就是空想。在理想的实现上，成功者的共性是，一旦锁定目标，就马上行动起来，不断拼搏，不达目标誓不罢休。

飞马腾空

犹太人有一则名叫"飞马腾空"的童话故事。

古时候，有一个人因惹怒国王而被判了死刑，这个人向国王请求饶恕一命，他说："只要给我一年的时间，我就能使您最心爱的马飞上天空。

如果过了一年，您的马不能在天空自如飞翔的话，我宁愿被处死刑，绝不会有半点怨言。”

国王想了想就答应了他。

在他回到牢房之后，另一位囚犯对他说：“你不要信口开河好不好，马怎么能飞上天空呢?”

这个人回答说：“在这一年之内，也许国王会死，也许我自己病死，说不定那匹马出了意外送了命。总之，在这一年之内，谁知道会发生什么事呢？所以只要有一年的时间，没准儿马真的能飞上天空!”

旁敲侧击

纵观犹太人颠沛流离的历史，到处都弥漫着这种乐观的精神。可以说，犹太民族就是因为有了这种乐观的精神，心中充满希望，他们才能生存下来。对于犹太人来说勇气和希望是深深地埋藏在他们心底，任何人都无法夺去。所以，他们一直乐观向上，纵使在世间最罕见的苦难中也坚强无比。

杰克与水手

在一望无际的大海边，杰克遇见一个水手，他们交谈起来。

杰克问：“为什么喜欢大海呢？海上总是大雾弥漫，冷冷清清。”

“海不是经常都冷、有雾的。有时，海是明亮而美丽的。但不论何种天气，我都爱海。”水手说，“当一个水手热爱他的工作时，他不会想什么危险，我们家庭的每个人都爱海。”

“你祖父现在干什么呀?”

“他死在海里了。”

“那你的父亲呢?”

“他死在大西洋里。”

“你的哥哥……”

“他在印度一条河里游泳时，被一条鳄鱼吞食了。”

“既然如此，”杰克说，“如果我是你，我就永远也不到海里去。”

“你愿意告诉我你父亲死在哪里吗？”

“哦，他是在床上断的气。”

“你的祖父呢？”

“也是死在床上。”

“这样说来，如果我是你，”水手说，“我就永远也不到床上去。”

旁敲侧击

对胆小鬼而言，干任何事情都是充满危险的，但对于热爱生活的人来说，没有挑战的人生其实就是行尸走肉，面对困难与危险，他们总是勇往直前。

无需人多

在世界上引起了强烈的轰动的相对论被爱因斯坦发现后，很多人都称他为天才。但是，也有很多人对于爱因斯坦的理论持不赞同的态度，便一心想推翻它。

20世纪30年代初，德国出版了一本名叫做《一百位教授出面证明爱因斯坦错了》的书，公开批判爱因斯坦的相对论。

当有人把个消息告诉爱因斯坦后，他好像并不害怕，只是耸耸肩，说道：“100位？干嘛要这么多人？只要能证明我真的错了，一个人出面就足够了。”

旁敲侧击

在时间面前，真理是能够经得起考验的，但谬论却不堪一击。真理是永恒的，科学只承认事实，不是仅凭人多势众就能够推翻的。

命运掌握在自己手中

多年前，在耶路撒冷城外的一座小山上，住着一个老人。据说，对于任何人提出的问题，他都能给予满意的答复。

有一天，有两个小孩跑到这座山玩耍，看到老人正在山上晒太阳。两人想愚弄这个老人一番。

于是，他们捕捉了一只蟋蟀，问老人：

“蟋蟀是死的还是活的？”

老人不假思索地说：

“孩子，如果我说蟋蟀是活的，你就会把它捏死。如果我说是死的，你就会松开你的手让它跑掉。这只蟋蟀的生死大权掌握在你的手里。”

旁敲侧击

每个人的手中都握着失败的种子，也握着迈向成功的潜能。我们有权选择成功，也有权选择平庸，没有任何人或任何事能强迫你，就看你如何去选择了。

获奖答案

英国一家报纸举办一项高额奖金的有奖征答活动。题目是：在一个充气不足的热气球上，载着三位关系人类兴亡的科学家，热气球即将坠毁，必须丢出一个人以减轻载重。三个人中，一位是环保专家，他的研究可拯救无数生命因环境污染而身陷死亡的噩运；一位是原子专家，他有能力防止全球性的原子战争，使地球免遭毁灭；另一位是粮食专家，他能够使不毛之地植生谷物，让数以亿计的人们脱离饥饿。

奖金丰厚，应答信件众说不一。巨额奖金的得主却是一个具有犹太后裔小男孩，他的答案是——把最胖的科学家丢出去。

旁敲侧击

有时复杂的不是问题，而是看问题的眼睛，因此，要解决问题，须先抓住问题的本质，不要被假象蒙住了双眼。

扔错误

爱因斯坦到普林斯顿大学就任那天，在教务主任的引导下，来到了他的办公室。

教务主任问他需要什么教学用具时，爱因斯坦说：

“我看，一张书桌或台子，一把椅子和一些纸张铅笔就行了。哦，对了，还要一个大废纸篓。”

“为什么要大的？”

“因为，我要扔的错误太多了。”

旁敲侧击

每个人的成功都是由无数次的失败堆砌起来的，失败并不可怕，可怕的是当失败来临时，不敢去正视。只有敢于正视失败的人，才能有效地避免失败，才能更好地创造未来。

断手人的回答

有一个开货梯的老人，与别人不同的是，他只有一只手，他的左手被齐腕砍断了。

一天，有人问他少了那只手会不会觉得难过，他说：

“不会，我根本就不会想到它。只有在要穿针引线的时候，才会想起这件事情来。”

旁敲侧击

对于必然发生的情况，以及已成事实的不幸，以一种积极的心态泰然地接受，这是克服任何不幸的前提。如果一味地沉溺于自己的不幸和痛苦中不能自拔，不但不能使不幸离你远去，还会使之加深许多。

第十一章　教育幽默

犹太民族是一个视教育如敬神的民族，在他们的眼中，教师与学校是仅次于上帝的字眼，这也是犹太民族历经浩劫却永存的秘诀之一。他们认为，一个人是天才还是庸才，并不取决于天赋，而是取决于教育，只要教育得法，普通人同样可以顺利成长为一个杰出的优秀人才。正是犹太人这种超凡的教育智慧，才使得犹太民族涌现出了一批又一批世界大师级的杰出人物。

傻瓜

某人去动物园看猩猩。他先向猩猩敬礼，猩猩也模仿着对他敬礼，他觉着很好玩，又向猩猩作揖，猩猩便也向他作揖。某人接着向猩猩扒眼皮，不料猩猩这次没有模仿，而是打了他一巴掌。

某人生气地去问饲养员。饲养员告诉他：在猩猩的语言里，扒眼皮是骂对方傻瓜的意思，所以猩猩要打他，某人大悟。

第二天，某人再去动物园以图报复。他向猩猩敬礼、作揖，猩猩都跟着做了。接着他拿出一根大棒子向自己头上打了一下，然后把棒子交给猩猩。

不料，猩猩这次又没有模仿，而是向他扒了扒眼皮。

旁敲侧击

做人应有自知之明而不能自作聪明，当你自以为高人一等、“聪明”得过了头时，往往会弄巧成拙，打击别人不成，反而伤害自己。

何必活着

一个很懒的小青年到他的哥哥家中做客，母亲叮嘱哥哥教育教育弟弟。

早上，哥哥让他叠被，懒弟弟说：“反正晚上要睡，现在何必去叠！”

饭后，哥哥忙着刷碗，懒弟弟说：“反正下顿要吃，现在何必去洗！”

晚上，哥哥劝他洗脚，懒弟弟说："反正洗完就脏，现在何必去洗！"

第二天，吃饭的时候，哥哥只顾自己，不理懒弟弟。

懒弟弟问："我的饭呢？"哥哥说："反正吃了要饿，你又何必去吃！"

睡觉的时候，哥哥照样只管自己，不理懒弟弟。

懒弟弟问："我睡哪儿？"哥哥说："反正迟早要醒，你又何必要睡！"

懒弟弟急了，叫道："不让我吃也不让我睡，不是要我死吗？"

哥哥答道："是的，人反正总是要死的，你又何必活着！"

旁敲侧击

善用"以子之矛，攻子之盾"之法来教育，能收到事半功倍的效果，它幽默轻松，一针见血，让受教育者哑巴吃黄连，有苦说不出，并从根本上反思自己、改变自己。

谦虚的拉比

犹太人有许多嘲笑不谦虚的人的故事。

有一位德高望重的拉比好像在熟睡。他的旁边坐着信徒，他们正在讨论这位神圣的人无与伦比的美德。

"他是多么虔诚！"一个信徒带着陶醉叫了出来，"在整个波兰也找不到第二个像他的人！"

"谁能和他比仁慈？"另一个狂热的呐喊，"他给人宽广无私的施舍。"

"还有多么温和的脾气！难道有谁见过他激动吗？"另一个信徒眼睛发光地低语。

"啊，这是多么的博学！"一个信徒用圣歌般的调子说，"他是天下最伟大的拉比！"

信徒们陷入了沉默，这时这位拉比慢慢地睁开了一只眼睛，用一种受

伤害的表情看着他们。

“怎么没有人说说我的谦虚?”他责备说。

旁敲侧击

自大是危险的,《塔木德》为此提出了警告:“金钱是自大的捷径,而自大是罪恶的捷径。”不自大,是一个有涵养商人对自己的基本要求。

学习

有一次,两个美国人和两个犹太人搭火车旅行。

美国人很单纯,每人买了一张票;而犹太人则精打细算,两个人只买了一张票。美国人见到这种情形,就问犹太人:“你们只有一张票,那等列车长来查票,你们怎么办?”

犹太人神秘地笑而不答,上了火车不久,便传来列车长查票的声音,只见两个犹太人,挤进一间厕所内。

列车长查票,来到他们的车厢。敲了敲厕所的门,说:“车票看一下!”

门开了一条缝,一只手拿着一张票伸出来。列车长再怎么样也想不到,一间厕所内,竟会躲着两个人。

他看过了票,道:“嗯,好了,谢谢!”又把票从门缝中塞了回去。

到了目的地,他们四人玩得很尽兴。踏上归途买票时,两个美国人心想:“早上来时,犹太人的方法真不错……”

于是他们几经讨论后,决定也买一张票就好。轮到犹太人时,只见他们摇摇手,说这次就不买票了。

上了火车,两个美国人非常期待;不知道犹太人又有什么好方法,说时迟那时快,列车长又来查票了。

两个美国人顾不得观看犹太人的新招式,就赶紧钻进了厕所。

又是“叩、叩”两声，犹太人敲了敲厕所的门，门应声而开，一只手拿着一张票，从门缝中伸出来。

犹太人：“嗯，谢谢——”

两个犹太人拿了票，立刻往前一节车厢的厕所奔去——

旁敲侧击

模仿固然是学习的捷径，但却不能一味地全盘照搬。我们应学的是其精髓、观念、方法，而不是表面功夫。我们最稳当的保证人，是我们自己的智慧。

为孩子取名

当丈夫和妻子给他们第一个出生的孩子起名时，他们开始争吵不休。她想让孩子跟她父亲的名字，他想让孩子跟他父亲的名字。最后不能达成一致，他们到拉比那里要求调解。

“你父亲叫什么?”拉比问丈夫。

“南赫姆。”

“那你父亲的名字是什么?”拉比问妻子。

“也叫南赫姆。”

“那你们争吵什么?”拉比很迷惑。

“你看，拉比，”妻子说，“我父亲是个学者和敬神的人，但我丈夫的父亲是个偷马贼！怎么能让我的孩子跟这样的人的名字一样?”

拉比想了想，于是说：“我的决定是你们的孩子叫南赫姆，剩下的交给时间。如果他成了一个学者，那么就知道他是跟了外祖父的名字。如果他成了一个偷马贼，那很显然，他是跟了他祖父的名字。”

旁敲侧击

名字只不过是区别于同类的一种代号而已，左右不了一个人到底是成为一个学者还是偷马贼。决定孩子未来的真正关键因素是，如何教会孩子用知识武装自己，如何教会孩子去爱、去感恩，这才是正道。

万贯家财不如一技在身

有一个老渔翁在河边钓鱼，旁边一个小孩子一直待在那里看。

老渔翁精通钓鱼之道，技术娴熟，仅仅一个上午就钓了满满一篓鱼。老渔翁看着旁边的小孩子非常可爱，就打算把这篓鱼全都送给了他。

可是，小孩子摇了摇头。

老渔翁很诧异："我送给你这么多的鱼，你为什么不要呢?"

小孩子说："我想要您手中的鱼竿。"

老渔翁说："你要钓鱼竿干什么?"

小孩子说："这一篓子鱼，我几天就吃完了；要是我有了钓鱼竿，可以自己钓鱼，一辈子也吃不完的。"

老渔翁笑着说："光有钓鱼竿也不行，还得学会钓鱼的技术。"于是，老渔翁不但赠送小孩子钓鱼竿，还将钓鱼技术倾囊相授，小孩子道谢而去。

拥有一技之强，远胜于拥有一笔财富。老渔翁之所以仅仅用一上午的时间就能钓满满一篓子鱼，就在于他精通钓鱼之道。那个小孩子在和老渔翁钓鱼的过程中就悟出了这么一个道理：一篓子鱼，几天就吃完了，要是我有了钓鱼竿，可以自己钓鱼，一辈子也吃不完。

旁敲侧击

不要贪求一时之利，也不要依赖暂时的财富，真正的利益是长远的，

真正的财富是无穷的。万贯家财不如一技在身，还是赶紧行动起来，去掌握自己的一技之长吧。

身边的宝物

有个人，他要离开自己居住多年的城镇，搬到另外一个陌生的地方去生活。临行前，他去拜访本地一位德高望重的老拉比，并请老拉比给他一些忠告。

老拉比想了想，给他讲了一个这样的故事：

有个住在柏林的犹太人，时常梦见在一个碾房的地下，埋藏了许多等待他去挖掘的宝物。终于有一天，他抑制不住自己的好奇心，打定主意在第二天一早就开始挖掘宝物。

次日早晨天未破晓时，他就已经起床准备好了，到了碾房之后，他便仔仔细细、小心翼翼地开始挖起来，但是他挖遍了碾房，也没有掘出任何值钱的东西。碾房的房主闻声而至，问他为什么在此地挖掘。

他如实讲述，不料当房主听完这人的说明后，突然高声大叫：

“太奇妙了，我也经常梦见一个住在柏林的人，而他的院落里也埋着许多宝贝。”

房主不但这么讲，甚至还说出了梦中那个人的名字，说来也真凑巧，这正是那个犹太人自己的名字啊！

于是犹太人立马跑回家中，赶忙挖院子，没想到他真的挖出了许多宝物。

“你知道了吧！”拉比说完故事后，对这个即将移居的人说，“有时自己的院子里也埋藏着许多宝物，只是我们没有去挖掘而已！”

“请勿忘怀身边的宝物，”老拉比说，“不要老是妄想去坐在国王的餐桌前；你自己家里的餐桌更好，因为在那里你便是国王。”

准备移居的人听到这里后，就决定不再移迁他方了。

旁敲侧击

在许多人的眼中，“外国的月亮比自己的圆”，但是犹太人却不一样，他们一般不会轻易舍弃自己独特的传统和文化而一味地崇拜别人。看重自己，善于从自己身上找优势，致力于发掘自己的能力和潜力，这是成功者较之其他人的高明之处。

杂草的用途

一位农夫弯着腰在院子里锄草。天气很热，他满头大汗，汗珠不停地顺着脸颊流下来。

“可恶的杂草！假如没有这些杂草，我的院子一定很漂亮，神为什么要造这些讨厌的杂草来破坏我的院子呢?”农夫这样唠叨着。

有一棵被拔起的小草正躺在院子里，它很平静地对农夫说：

“你说我们可恶，也许你从来就没有想到过，我们也是很有用的。现在，就请听我说一说吧。我们把根伸进土中，等于是在耕耘泥土，当你把我们拔掉时，泥土就已经是耕过的了；此外，下雨时，我们防止泥土被雨水冲掉；在干涸的时候，我们能阻止强风吹起沙尘；我们是替你守卫院子的卫兵，如果没有我们，你根本就不可能享受种花、赏花的乐趣，因为雨水会冲走泥土，狂风会吹散泥土……所以希望你在看到花儿盛开之余，能够想起一些我们的好处。”

农夫听了这些话，不禁肃然起敬。从那天以后，他就再也不会瞧不起任何东西了。

旁敲侧击

每一件东西都有用处，事物的好坏在于人对其的发掘、转换、变化。

好东西并不绝对地好，它也必定会有一些缺陷；坏东西也并不绝对地坏，它也有自身的特殊用途。

何谓《塔木德》

《塔木德》是2000位学者在1000多年前研究写成的，凝聚了犹太学者对自己民族智慧的发掘、思考和提炼，被誉为犹太民族的智慧基因库，几乎所有的犹太人都要学习它。

有一天，米姆尔问他的朋友史耐依："你天天学习《塔木德》，你可以给我讲讲什么是《塔木德》吗？"

史耐依说："米姆尔，在我回答你的问题之前，我先向你提个问题：如果有两个犹太人从一个高大的烟囱里掉了下去，其中一个身上满是烟灰，而另一个却很干净，那么他们谁会去洗洗身子呢？"

"当然是那个身上脏了的人！"

"你错了，那个人看着没有弄脏身子的人想道：'我的身上一定也是干净的，而身上干净的人，看到满是烟灰的人，就认为自己可能和他一样脏。所以，他要去洗澡。'"

"见鬼！"米姆尔嘀咕了一句。

"我要再问第二个问题，他们两个人后来再次掉进了高大的烟囱——谁会去洗澡？"史耐依问道。

"这我就知道了，是那个干净的人！"

"不！你又错了，身上干净的人在洗澡时发现自己并不太脏，而那个弄脏了的人则相反。他明白了那位干净的人为什么要去洗澡。因此，这次他跑去洗了。"史耐依微笑着说，"我再问你第三个问题，他们两个人第三次从烟囱里掉下来，谁又会去洗澡呢？"

"那当然还是那个弄脏了身子的人了。"

"不！你还是错了！你见过两个人从同一个烟囱里掉下来，其中一个

人干净，另一个肮脏的事情吗？”

米姆尔无话可说。

“这就是《塔木德》！”

旁敲侧击

毫无疑问，史耐依是个诡辩高手。很多事情就是这样，正说正有理，反说反有理，关键就看你会说不会说了。

名词解释

在一个犹太人家庭里，女儿正在做家庭作业时，要父亲解释“气愤”和“哭笑不得”是什么意思。

父亲想了想，把女儿领到电话机旁，拿起电话，随便拨了个号码，叫女儿仔细听。

“喂，”他对接电话的人说道，“我找麦尔文。”

“这儿没有叫麦尔文的，你打错了。”说完，对方就把电话挂了。

只见，父亲又拨那个号码，问：“麦尔文在吗？”

“怎么回事！”对方吼道，“我刚对你说过这儿没有麦尔文。”说罢砰然挂了电话。

“你瞧，”父亲解释道，“这就叫气愤。现在我让你看看什么是哭笑不得。”

他又一次拨了那个号码，听见一个声音吼了声“喂”时，他心平气和地说：“我就是麦尔文，刚才哪个打电话找我？”

父亲挂了电话，微笑着对女儿，对方在哭笑不得。

旁敲侧击

在犹太的教育界，非常注重现场示范性教育，因为他们认为，只有这样，才能够让受教育者对所学事物有最直观的感受，从而快速、准确地领悟自己的所学。

该你吹口哨了

坐在飞驰的列车上，小尼克兴奋地不时把头伸出窗外。父亲好多次制止他，都毫无效果，小尼克仍旧我行我素。

此时，父亲趁小尼克不备，迅速摘掉他的小军帽，藏在座位下面，说："看，不听话，小军帽飞了吧。"小尼克害怕地把伸出窗外的头缩了回来。

父亲说："这就对了吗，吹声口哨，小军帽就会回来。"小尼克吹了声口哨，父亲迅速把小军帽戴在他的头上。

"哎呀，这太神奇了！"小尼克快活地说。

忽然，小家伙一把拽下父亲的礼帽，迅速扔出窗外，说道："爸爸，现在该您吹口哨了。"

旁敲侧击

小孩子是单纯的，你怎样教育孩子，孩子就会接受怎样的教育，孩子的错误中，有很多都是教育者身上的毛病。孩子就是一面白纸，你在上面画什么，纸上就会显示什么，所以在没想好之前，不要轻易下笔。

留一手

爱流鼻涕的小汤姆，经常是两条长白龙"呼哧，呼哧"地从两个鼻孔

中窜进窜出。父亲经常提醒汤姆，但他却充耳不闻。

一天，小汤姆拖着两条长鼻涕与父亲迎面走来，父亲说："儿子，把鼻涕擦掉，奖你5分钱。"

小汤姆一听高兴极了，连忙跑出去，不一会儿回来，向父亲要钱，父亲说："我没钱，只是骗骗你把鼻涕擦掉。"

父亲话音刚落，小汤姆就笑嘻嘻地说："爸爸，我料想你也是骗骗我的，幸亏我留了一手，我没有把鼻涕擦掉，你看！"

小汤姆说罢，两条"白龙"便"呼哧"一声从鼻孔中窜了出来。

旁敲侧击

犹太人的习惯是从不轻信任何人，甚至对自己的父母和妻子也持怀疑的态度。于是，他们常常这样教育孩子：世界是复杂的，绝不能轻信任何人。

奉承是一种索取

一只狐狸正在找吃的，在河边碰上了一只仙鹤。

狐狸想了想，说："早安，聪明的仙鹤。近来您的身体好吗？"

"我很好，谢谢您！狐狸先生，您有什么事吗？"仙鹤回答说。

狐狸说："我有些问题想请教请教您——如果风从北边吹来，您的头朝什么方向转？"

"当然是朝南面转啦。"

"如果风从西面吹来，您的头朝什么方向转？"

"朝东啊。"

"您真聪明！"狐狸靠前一步，又问，"假如风从四面八方刮来，那您又该怎么办呢？"

"那我就把头伸进翅膀里去——"仙鹤说着，得意地做给狐狸看；"就像这样！"

还没等仙鹤把头露出来，狐狸就猛地向前一扑，狠狠地咬住了仙鹤的脖子。

旁敲侧击

奉承者十有八九有求于被奉承者，至少也是一种"有偿投资"。过多的甜言蜜语犹如高利贷，听得愈多，信得愈切，持续得愈久，愈会为此付出昂贵的代价。

三只青蛙

犹太民族是一个智慧的民族，犹太人被称为世界第一商人，他们认为，对待逆境的心态不同，结果也会不一样。在犹太教典《塔木德》上，记载着这样一个故事：

有三只青蛙掉进了鲜奶桶中，第一只青蛙说："这是神的意志。"于是，它盘起后腿，一动不动，静静地等待着。

第二只青蛙说："这桶太深，没有希望出去了。"于是，它在绝望中慢慢死去。

第三只青蛙说："尽管掉到鲜奶桶里，可我的后腿还能动。"于是，它奋力地往上跳起来。它一边在奶里划，一边跳，慢慢地，它觉得自己的后腿碰上了硬硬的东西，原来是鲜奶在青蛙后腿的搅拌下，渐渐地变成奶油了。

凭着奶油的支撑，第三只青蛙跳出了奶桶。

第一只青蛙相信宿命，第二只青蛙毫无信念可言，第三只青蛙坚守信念，顽强努力，充满希望，它便是犹太人的写照。

旁敲侧击

犹太人顽强而坚韧的精神意志和挑战风险、永不气馁的进取意识，构成了犹太人成功的重要精神底蕴，从而使他们在充满竞争的世界舞台上卓尔不群。他们不怕逆境，更善于在逆境中施展自己的智慧和生存技巧。

谨慎的男孩

安全总是以色列人想到的最重要的事情。约瑟夫是一个 11 岁的少年，他的父母叮嘱他和陌生人讲话时要小心谨慎。

一天下午，约瑟夫带着他的狗在离公路不远的地方散步。一辆小车开了过来，坐在司机身边的乘客对他喊道：

“请告诉我，小孩，这儿离耶路撒冷还有多远？”

“这要看你行路的速度。”小男孩小心翼翼地回答道。

“你叫什么名字，小孩？”

“我的名字和我爷爷的名字一样。”

“那么你爷爷的名字叫什么？”

“和他爷爷的名字一样——我们家给孩子取名时都用爷爷的名字。”

“你家还有几个像你这样的孩子？”

“我妈妈给多少个孩子开饭就有多少个孩子。”

“那么需要多少个座位呢？”

“在我们家，每个人都有个座位。”

旁敲侧击

数次惨遭灭族之祸的犹太民族，被迫流亡到世界各个国家。但是这种颠沛流离的生活方式，造就了他们胆大谨慎的性格特征，同时，也渗入他们的教育思想理念中。

体会

《塔木德》里有这样一个故事，说的是一位皇帝在两国交战间，大败后，逃到一个偏僻的小村庄。这时，村庄早被敌人包围了，他无路可走，只好钻进一家犹太裁缝店。

“快将我藏起来吧，”皇帝声音颤抖地恳求小裁缝，“要是俄国军队发现了，我会被杀死的。”

小裁缝是个好心人，虽然不认识这个矮个子男人，但对他深感同情，于是对他说：“躺那张毛皮床上面去，别出声。”

皇帝躺下后，裁缝在他身上盖了厚厚的毛皮褥子。

不久，门被撞开了，两个手里拿着长矛的俄国士兵闯了进来。

“有没有人藏在你这里?”他们厉声问道。

“我这个地方哪儿能藏住一个人呢?”裁缝答道。

士兵搜遍了每个角落，毫无结果。临走之前，他们随便用长矛戳了戳毛褥。

士兵走后，皇帝从毛褥里爬出来，面如死灰，满头大汗。他转身对裁缝说：“我告诉你，我是皇帝，为了报答你的救命之恩，我可以满足你的3个要求，你说吧，什么都行。”

小裁缝想了一会儿说：“陛下，我的屋顶年年夏天漏雨，我又没钱去修，您发发善心帮我修一下吧。”

“真是个傻瓜!”皇帝不耐烦地说，“这就是你向最伟大的皇帝提出的要求吗？算了吧，我负责给你修好屋顶。现在你可以说第二个要求了——这次可要认真点。”

小裁缝挠了挠脑门，一时想不起来有什么要求，突然一个念头来到心

间。

“几个月前，另一个裁缝在街对面开了一个铺子，抢了我的生意。要是不麻烦的话，您让他另找个地方。”

“真是个笨蛋！”皇帝蔑视地说，“好吧，我会叫你的对手去地狱的。现在你再想一个真正重要的要求，记住，这是你最后一次机会了！”

裁缝皱起眉头想了一会儿，最后脸上露出顽皮的神情。

“对不起，陛下，”他满怀好奇地问，“我很想知道，当俄国兵用矛戳毛褥子的时候，您是什么感觉？”

“蠢材！”皇帝气得暴跳如雷，“你竟敢向一个皇帝问这样的问题，你真是活腻了，我等天一亮就枪毙你！”

他说到做到，小裁缝被送进了监狱。

那天晚上裁缝怎么也睡不着。他不停地颤抖哭泣，然后他开始祈祷，乞求上帝给他安宁。

第二天清晨，他被带出牢房，绑到一棵树上。一队士兵站在他的对面，用枪瞄准他。旁边站着一个军官，手里拿着表，等着发出射击的命令。他举起手开始计数：“一——二——”还没等说三，只见皇帝的侍卫骑着马飞奔而来，边跑边喊：“不要开枪！”

那侍卫下马走到裁缝跟前对他说：“皇帝陛下赦免了你，还叫我给你捎来了一张纸条。”

裁缝长长地舒了一口气，打开纸条来看。皇帝写道：

“你不是想知道当我藏在你家里的毛褥下是什么感觉吗？恐怕你现在体会到了吧。”

旁敲侧击

最有说服力的方式就是亲自体会，身临其境的体验比任何说教都更让人记忆犹新。所以犹太人的教育理念重实践而非理论，并认为这样的方式是最行之有效的。

每个人都有自己的天堂

有一位学者，为人虔诚正直。而他的父亲却嗜酒如命，经常喝得醉醺醺地跌到臭水沟里，是个远近闻名的酒鬼。儿子为父亲的堕落觉得很不光彩，因为他深深地爱着父亲。他宁愿自己去死，也不愿意看到父亲出丑的样子。

有一次，天下大雨，儿子去教堂做弥撒。在路上，他看见一个醉鬼躺在臭水沟里，浑身都湿透了。一大群孩童围在他身边，向他扔着泥巴和石块。

看到这个情景，他自言自语道："我要是把父亲带到这儿来，让他看看这个躺在水沟里的醉鬼，他一定会感到羞愧，说不定以后就不会再酗酒了。"

于是，他回家接来了父亲，带他到醉鬼躺着的地方。

老人凝视了一会儿倒在地上的人，然后弯下腰对他说："快告诉我，老兄，你在哪家酒店喝了这样的好酒，让你喝得烂醉如泥?"

"我不是为了这个才叫您来的，"儿子不高兴地指责父亲，"我只是想让您知道一个醉鬼怎么不体面啊！您喝醉了的时候，也是这样。我求您记住，以后再也不要喝酒了。"

"我的儿子，"父亲说，"在我的生命中再也找不到比喝酒更大的享受了，酒店就是我的天堂。所以，还是让我去吧!"

旁敲侧击

犹太人都是很有个性的，他们也都尊重他人的个性与嗜好。在教育方面，犹太人认为，培养孩子的成功与否，很大程度上是看孩子有没有个性，以及在自己的个性上有怎样的发展。

第十二章　职场幽默

犹太人认为，职场绝不给弱者留一席之地。职场其实就是战场，是一种同行与同事间进行殊死竞争的战场。在这个战场中，他们一样要分高下、论输赢，优胜劣汰，适者生存。他们之间的竞争是一种全方位综合素质的竞争，那些不思进取、不擅交际、道德低下、观念陈旧的人，都是最先出局的人。

差别

两个同龄的年轻人同时受雇于一家店铺，并且拿同样的薪水。

可是一段时间后，叫阿诺德的那个小伙子青云直上，而那个叫布鲁诺的小伙子却仍在原地踏步。布鲁诺很不满意老板的不公正待遇。终于有一天他到老板那儿发牢骚了。老板一边耐心地听着他的抱怨，一边在心里盘算着怎样向他解释清楚他和阿诺德之间的差别。

“布鲁诺先生，”老板开口说话了，“您现在到集市上去一下，看看今天早上有什么卖的。”

布鲁诺从集市上回来向老板汇报说，今早集市上只有一个农民拉了一车土豆在卖。

“有多少？”老板问。

布鲁诺赶快戴上帽子又跑到集上，然后回来告诉老板一共40袋土豆。

“价格是多少？”

布鲁诺又第三次跑到集上问来了价格。

“好吧，”老板对他说，“现在请您坐到这把椅子上一句话也不要说，看看别人怎么说。”

阿诺德很快就从集市上回来了，向老板汇报说到现在为止只有一个农民在卖土豆，一共40口袋，价格是多少多少；土豆质量很不错，他带回来一个让老板看看。这个农民一个钟头以后还会弄来几箱西红柿，据他看价格非常公道。昨天他们铺子的西红柿卖得很快，库存已经不多了。

他想这么便宜的西红柿老板肯定会要进一些的，所以他不仅带回了一个西红柿做样品，而且把那个农民也带来了，他现在正在外面等回话呢。

此时老板转向了布鲁诺，说：“现在您肯定知道为什么阿诺德的薪水比您高了吧？”

旁敲侧击

同样的小事情，有心人做出大学问，不动脑子的人只会来回跑腿而已。别人对待你的态度，就是你做事情结果的反应，像一面镜子一样准确无误，你如何做的，它就如何反射回来。

怎么办

一位犹太男子来到一家艺术品商店求职。

老板问道："你有经验吗？"

"哦，有的！"

"如果我们不小心把一只贵重的花瓶打碎了，你说该怎么办？"

"我把碎片重新黏合好，等一位有钱的顾客光临时，我把它放在一个恰当的地方，以便重新酿成事故……"

"很好，你被录用了。"老板兴奋地告诉他。

旁敲侧击

处处为企业利益考虑的人，在工作机会的争取上，定会胜于处于同一平台上的竞争者，聪明而善于开动脑筋的员工最受企业的青睐。

开玩笑

一天，一个名牌大学的高才生到一家犹太人开的公司去应聘。

"你有什么要求？"老板问。

"一个月薪水 10 万元，一年有一个月公费出国，公司给我租房子。"

高材生说。

“我一个月给你薪水20万元，一年有两个月让你公费出国，还有，公司送你一栋房子。”

“这该不会是跟我开玩笑吧？”高材生惊讶不已。

“你难道不是在跟我开玩笑？”老板说。

旁敲侧击

找工作应该从实际出发，根据自身能力要求更实际点的报酬。很多时候，作为一个员工，不要问公司能为你提供多少薪水，而是要想想你到底能为公司创造多少财富。

我要聘用他

老板杰克到警察局报案：“有个人冒充我公司的推销员，在镇上赚了20万美元！这比所有的雇员在客户身上赚到的钱要多2倍。请你们一定要找到他！”

“我们会抓住他，把他关进监狱的！”

“关起来干什么？我要聘用他！”

旁敲侧击

对个人来说，有才者必有用武之地，如果还没有人重用你，那说明你的能力还有待修炼；就企业而言，能不能雇到能力超群的人才为企业服务，是一个企业能否发展壮大的关键。

空缺

在美国纽约，一个犹太人到一个公司去求职。

经理说："对不起，应聘的名额已经满了，要到我们单位的人已经有许多了，他们的名字我根本登记不完。"

这个犹太求职者喜形于色，说："太好了！太好了！既然你都忙不过来了，就说明贵公司还需要人，你就安排我做登记员吧！"

旁敲侧击

求职应聘时，不要死心眼地一听说别人不需要人了，就主动放弃。对于任何一家企业而言，都是欢迎人才的，也绝不会因为"名额已满"而关闭"纳贤"的大门，关键在于你是否真的有才，或能否在适当的时候表现适当的才能。

上下班时间

西格尔坐在去耶路撒冷的火车班车上。他在办公室干了一天活，已经很累了，此刻正在回家的路上。坐在他旁边的一个英俊小伙子向他问时间，但他置之不理。小伙子压低声音又问了一遍，他仍然没有告诉小伙子几点钟了。第三次，小伙上前拍着他的肩膀问的。这一次，西格尔告诉了他。

"我第一次问你时，你为什么不回答我呢？"小伙子困惑不解地问道。

"为什么？我来告诉你吧。如果我告诉你了，我们就会聊起来了。我会打听你的情况，因为你是一个不错的年轻男人。而我有两个可爱的待嫁女儿。我会邀请你去我家吃晚饭。接下来会怎么样呢？你接受了邀请，你去了。我太太喜欢你，我的大女儿爱上了你，我的小女儿也很赞成。于是，看上去你就要成为我的女婿了。可是，我不想要一个没有手表的女婿！道理就这么简单。”

旁敲侧击

犹太民族是个时间观念特别强的民族，对于他们而言，浪费时间，就等于浪费金钱。西格尔拒绝小伙子的原因，就是因为小伙子连记录时间的载体——手表都没有，肯定也是一个不善于珍惜时间的人。没有时间，何来效益，对一个员工而言，不懂得珍惜时间的人，或不善于合理安排时间的人，都是不受欢迎的员工。

精神病人的绝活

一个心理学教授到精神病院参观，了解病人的生活状态。一天下来，心理学教授感叹道：“这些人疯疯癫癫，行事出人意料，基本上是‘废人’了”。

想不到准备返回时，教授发现自己的车胎被人卸掉了。“一定是哪个疯子干的！”教授这样愤愤地想道，动手拿备胎准备装上。

事情严重了。卸车胎的人居然将螺丝也都拿走了。没有螺丝有备胎也上不去啊！

教授一筹莫展。在他着急万分的时候，一个精神病人蹦蹦跳跳地过来了，嘴里唱着不知名的欢乐歌曲。他发现了困境中的教授，停下来问发生了什么事。

教授出于礼貌告诉了他。

那人哈哈大笑说：“我有办法！”他从每个轮胎上面卸下了一个螺丝，这样就拿三个螺丝将备胎装了上去。

教授惊奇感激之余，大为好奇：“请问你是怎么想到这个办法的？”

那人嘻嘻哈哈地笑道：“我是汽车修理工，跟汽车打了一辈子的交道！”

旁敲侧击

永远不要小看别人的智力与技能，哪怕对方是个“精神病人”。人的能力各种各样，自己做不到的事要虚心地向别人请教。

普通的烟斗

一位令人尊敬的拉比去世了。他所有的信徒都渴望得到他的一件遗物，留作纪念。其中一个学生心系一柄烟斗，上面刻有精美的花纹。

“这要花你100个卢比。”拉比的妻子告诉他。

“对我来说这是一笔大钱。”信徒有些犹豫地说：“但是，请先给我看看，然后再决定。”

于是，拉比的妻子把烟斗给他，他点燃了它。你能想像发生了什么吗?

他刚吸完第一口不久，就仿佛看到了天堂的七重门全为他打开，里边有迷人的风景。

学生大喜过望，赶快用激动的双手数了100个卢比，然后兴冲冲地带着烟斗回家了。

到家之后，他再一次点燃烟斗，并狠狠地吸了一大口。

你能想像发生了什么吗?

什么都没有!

什么都没有?

气昏了头的学生赶忙去找新来的拉比，并上气不接下气地告诉他整个故事。

“我的孩子，”新拉比微笑着说，“事情很简单，当烟斗仍属于拉比时，你吸烟时就能看到他所看到的。但它一旦变成你的烟斗时，就成了一只普通的烟斗，那你只能看到你的平常所见了。”

旁敲侧击

世界没有改变，改变的只是我们的心情。财富的本质也没有改变，改变的只是我们对财富的不同理解。不要把自己的不顺归结于外在因素，其实自己才是自己失败的罪魁祸首，因为你一直是一个“普通的烟斗”。

现实主义者

奥地利的硝烟散尽之后，皇帝想要犒劳那些在战役中英勇无畏的不同民族的人们。

“说出你们的愿望来，我将以此奖赏你们，我的了不起的英雄们。”皇帝说。

“把波兰归还我们吧！”一个波兰人嚷道。

“它是你们的了！”皇帝应道。

“我是个农夫——给我土地！”一个可怜的人叫道。

“土地是你的了，我的孩子！”

“我想要个啤酒厂。”德国人说。

“给他一个啤酒厂！”皇帝下了命令。

然后轮到了一个犹太士兵。

“呢，年轻人，你想要什么？”皇帝脸上带着鼓励的微笑问道。

“如果能够的话，陛下，我想得到一条非常漂亮的青鱼。”犹太人怯生生地嘀咕着。

“哎呀呀！”皇帝叫道，耸了耸肩。“给这个人一条青鱼！”

皇帝离开以后，那些英雄们围住了犹太人。

“你多傻啊！”他们责怪他说，“想想看，当一个人想要什么就能得到什么的时候，你却只要了一条青鱼！你也太辜负皇帝的美意了吧？

“我们倒是看看谁是傻瓜！”犹太人回敬道，“你们要波兰的独立，要农场，要啤酒厂——这些东西你们根本不可能从皇帝那里得到的。而我呢，你们看，我是一个现实主义者。我要一条青鱼——也许我就能得到。”

旁敲侧击

空中楼阁就是空中楼阁，与其画饼充饥，不如吃点窝头。不要抱有不切实际的幻想，只有根据自己的现实情况给自己找到一个合理的定位，才能成就伟大的人生。

第一个被录取的人

某公司招聘人才，应者云集。其中多为拥有高学历、有相关工作经验的人。

经过三轮淘汰，还剩下11个应聘者，最终将留用6个。因此，第四轮总裁亲自面试，将会出现十分“残酷”的场面。

奇怪的是，面试考场出现12个应聘者。总裁问：“哪位是不请自来的？请你出去！”

坐在最后一排的一个犹太小伙子站起身：“先生，我第一轮就被淘汰了，但我想参加一下今天的面试。”

在场的人都笑了，包括站在门口闲看的那个老头子。

总裁饶有兴趣地问：“你连第一关都过不了，你认为今天来这里还有什么意义吗？”

“我有很多有益的经历，我相信自己的经历就是财富。”小伙子俏皮地说，“我实在不忍心——如果不给贵公司一个机会，那将是贵公司的损失啊。”

大家又一次笑得很开心，觉得此人要么太狂妄，要么就是脑子有毛病。小伙子说：“我只有一个本科学历，一个中级职称，但我有11年的工作经验，曾在18家公司任过职……”

总裁打断他：“你的学历、职称都不算高，工作11年倒是很不错，但跳槽18次，太令人吃惊了，我不欣赏。”

小伙子站起身强调："先生，我其实并没有跳槽，而是那18家公司先后都倒闭了。"在场的人第三次笑了，一个考生说："真是个倒霉蛋!"小伙子笑着反驳道："我并不认为我倒霉，相反，我倒认为这就是我的财富!我只有31岁，但却经历了这么多。"

这时，站在门口的老头子走进来，给总裁倒茶。小伙子继续说："我很了解那18家公司，我曾与大伙努力挽救它们，虽然不成功，但我从它们的错误与失败中学到许多东西；很多人只是追求成功的经验，而我，更有经验避免错误与失败!"

小伙子离开座位，一边转身一边说："我深知，成功的经验大抵相似，很难模仿；而失败的原因各有不同。与其用11年学习成功经验，不如用同样的时间研究错误与失败；别人的成功经历很难成为我们的财富，但别人的失败过程却是!"

小伙子就要出门了，忽然又回过头："这11年经历的18家公司，培养、锻炼了我对人、对事、对未来的敏锐洞察力，举个小例子吧——真正的考官，不是您，而是这位倒茶的老人……"

11个应聘者哗然，惊愕地盯着倒茶的老头。那老头笑了："很好!你第一个被录取了，因为我急于知道——我的表演为何失败?"

旁敲侧击

一个人才不一定有好口才，但一个好口才的人一定是个人才。如果一个好口才的人，同时拥有敏锐的洞察力，那这样的人就具备了干大事的条件。

买画

一位家庭妇女，想买一幅画来装点自己的房间。于是就到画商那儿去买画。她左挑右选，选中了一幅静物画。画上有一束玫瑰、一碟点心和一块散着热气的牛排。

“多少钱一幅，这个?”

“30美元，这可是最低价了。”

“不过，我在另一个画商那里看见的与这幅画几乎一模一样的，才卖10美元。”

“那它一定有不如这幅画好的地方。”画商很自信地说。

“不，我觉得它比这幅好。”

“为什么?”

“它那幅画的小碟子里的点心，要比这幅多出好几块呢!”

旁敲侧击

不要以为这位夫人在糟蹋艺术，作为一个天天埋首于柴米油盐中的家庭主妇，她说的其实是她最真实的想法。内行人看门道，外行人看热闹，如果你想证明自己的价值，不必在一个不懂得欣赏你的人面前去表现，因为这是徒劳的。

努力干吧

一个大老板有一天巡视他在以色列开办的一家工厂，看着看着，瞧见一个员工正埋着头努力地工作着。

他走过去拍拍员工的肩膀说道：“努力干吧！我以前也是和你一样。”

员工抬起头来，笑一笑，也伸手拍拍大老板的肩膀，说：“你也努力干吧！我以前也是和你一样。”

旁敲侧击

事业都是干出来的，不付出辛苦的劳动和精力，再好的基础都保证不了你的位置或成就。而且，干事业犹如逆水行舟，如果你前进不了，那么你将注定后退。

谢谢你救了我女儿

一家跨国公司因业务需要，正准备招聘一名高级职员担任要职，待遇自不必言。

在激烈的竞争中，一个年轻人荣幸地成为复试者中的一员。人事部主管告诉年轻人复试主要是由培克先生主持。培克先生是一位大企业家，他的经历充满了传奇色彩。并且，他年龄并不很大，据说只有40岁左右。

听到这些，年轻人非常紧张，一连几天，从管理经验、专业知识及穿戴方面都做了精心准备，以更好地展示、推销自己。

考试是单独面试。年轻人一走进小会客厅，坐在正中沙发上的一个人便站起来，人事主管介绍说此人正是培克先生。

“啊！是你？竟然是你……”培克先生说出了年轻人的名字，并且快步走到年轻人面前，紧紧握住了他的双手。

“这不是在做梦吧，竟然在这里找到了你！我找你找了很长时间了！”培克先生一脸的惊喜，激动地转过身对在座的人嚷道：“先生们，我向你们介绍一下：这位就是救我女儿的那位年轻人！”

年轻人的心狂跳来，还没容得年轻人说话，培克先生就把年轻人一把拉到他旁边的沙发上坐下，说道：“真抱歉，当时我只顾看女儿了，也没来得及向你道谢。”

年轻人竭力抑制住心跳，抿了抿发干的双唇，说道：“很抱歉，培克先生。我以前从未见过您，更没救过您的女儿。”

培克先生着急地说：“你忘记了？5月30日，在一个湖边……肯定是你，错不了！我记得你的左脸上有块黑痣。年轻人，你骗不了我的。”培克先生一脸的得意。

年轻人站起来：“培克先生，我想您肯定弄错了。我真的没有救过您女儿，因为我从来没有机会救过落水的人。”

年轻人说得很坚决，培克先生一时愣住了。忽然，他又笑了：“年轻人，我很欣赏你的诚实。”

几天后，年轻人成为了该公司的职员。有一次，年轻人和人事主管闲聊，年轻人问：“救培克先生女儿的那位年轻人找到了么?”

“他女儿？你是说培克先生的女儿?”人事主管哈哈大笑起来，“告诉你，有好多人因为他女儿被淘汰了，其实，培克先生根本没有女儿。”

旁敲侧击

一个不讲诚信的人，没人敢对其委以重任的。做事先做人，如果你想在事业上有所成就，千万记住：机会固然重要，但做一个诚实的好人更重要。

换鞋

尤利斯和莱恩在森林里行走，忽然遇到了一只大老虎。

见老虎越来越近，尤利斯飞速从背后取下一双更轻便的运动鞋换上。

莱恩急死了，骂道：“你干嘛呢，再换鞋也跑不过老虎啊!”

尤利斯说：“跑不过老虎没关系，我只要跑得比你快就行了。”

旁敲侧击

人才竞争越来越激烈，要想竞争中胜出，就要不断修炼自己的“内功”，这样才不会在危机来临时惊慌失措。作为一个上班族，你一定要超越你的同事，否则随时都有被炒“鱿鱼”的危险。